열두 살에 부자가 된
키라

EIN HUND NAMENS MONEY
Text copyright ⓒ 2025 Bodo Schäfer
All rights reserved.
Korean translation copyright ⓒ 2025 by Mirae N Co., Ltd.
Korean translation rights arranged with The Rights Company
through Imprima Korea Agency.
이 책의 한국어판 저작권은 Imprima Korea Agency를 통해
The Rights Company와 독점 계약한 주식회사 미래엔이 소유합니다.
저작권법에 의하여 한국 내에서 보호를 받는 저작물이므로
무단 전재 및 복제를 금합니다.

열두 살에 부자가 된 키라 1

글 보도 섀퍼 | 그림 하루치 | 옮김 고영아
펴낸날 2025년 3월 10일 초판 1쇄, 2025년 9월 1일 초판 3쇄
펴낸이 신광수 | 출판사업본부장 강윤구 | 출판개발실장 위귀영
아동인문파트 김희선, 박인의, 설예지, 이현지 | 출판디자인팀 최진아 | 디자인 진행 Studio Marzan 김성미
출판기획팀 정승재, 김마이, 박재영, 이아람, 전지현
출판사업팀 이용복, 민현기, 우광일, 김선영, 이강원, 허성배, 정유, 정슬기, 정재욱, 박세화, 김종민, 정영묵
출판지원파트 이형배, 이주연, 이우성, 전효정, 장현우
펴낸곳 (주)미래엔 | 등록 1950년 11월 1일 제16-67호 | 주소 서울특별시 서초구 신반포로 321
전화 미래엔 고객센터 1800-8890 팩스 541-8890 | 홈페이지 주소 www.mirae-n.com
ISBN 979-11-7347-090-5 74320 | ISBN 979-11-7347-091-2 (세트)

ⓒ 보도 섀퍼, 하루치, 고영아 2025
책값은 뒤표지에 있습니다.
파본은 구입처에서 교환해 드리며, 관련 법령에 따라 환불해 드립니다. 다만, 제품 훼손 시 환불이 불가능합니다.

KC 마크는 이 제품이 공통안전기준에 적합하였음을 의미합니다.
사용 연령: 8세 이상

열두 살에 부자가 된
키라 ①

보도 섀퍼 지음 | 하루치 그림 | 고영아 옮김

Mirae N 아이세움

친애하는 한국 독자 여러분!

『열두 살에 부자가 된 키라』는 내 아이들을 위해 쓴 이야기입니다. 아이들은 이제 다 컸지만 돈을 대하는 현명한 태도는 오늘날까지도 유용하게 써먹을 수 있답니다. 시장 경제를 둘러싼 환경은 달라졌지만 이자와 복리의 원리를 이해하는 일은 지금도 무척 중요합니다. 이자가 아니라도 연 수익률을 따져야 하는 경우가 아주 많고요. 여러분도 알다시피 모든 것이 끊임없이 변한다는 사실이야말로 변치 않는 사실입니다.

여러분이 이 책을 재미있게 읽어 주었으면 좋겠습니다. 그리고 여러분의 마음과 지갑이 풍요로워지기를 진심으로 바랍니다.

감사의 마음을 담아

보도 섀퍼

차례

1. 하얀 래브라도리트리버 **9**

2. 소원 노트와 소원 저금통 **39**

3. 백만장자가 된 대럴 **65**

4. 마르셀 오빠가 돈을 버는 방법 **93**

5. 머니의 과거 **121**

6. 우리 집의 빚은 엄마 아빠의 잘못일까? **141**

7. 골트슈테른 아저씨가 알려 준 저축 **161**

8. 트룸프 할머니 **187**

1. 하얀 래브라도리트리버

아주 오래전부터 나는 개를 키우고 싶었다. 하지만 우리가 사는 집은 주인이 따로 있었고 집주인은 개를 절대로 키우면 안 된다고 못 박았다. 아빠가 집주인의 마음을 돌리려고 애쓰셨지만 아무 소용없었다. 세상에는 말이 통하지 않는 사람도 있는 법이다. 집주인은 다른 세입자들이 집 안에서 개를 키우는 것을 싫어한다고 주장했다. 말도 안 되는 핑계였다. 나는 우리가 사는 건물 3층과 4층에 사는 사람들이 개를 키우고 싶어 하는 걸 알고 있었다.

그냥 집주인이 개를 싫어하는 사람이었을 뿐이다.

아빠는 언젠가 집주인에 대해서 이런 말을 하셨다.

"진짜 문제는 개가 아니란다. 자기 삶이 만족스럽지 않으니 남이 행복한 모습을 보기 싫은 거지."

그 말을 듣고 집주인을 찬찬히 살펴보니 정말로 고약한 성격에 불만투성이로 보였다. 심지어 엄마가 개 키우는 문제를 다시 한번 말하자 집주인은 그런 요청을 계속하면 집에서 내보내겠다고 경고했다.

다른 사람이 개를 키우지 못하게 할 권리는 누구에게도 없다. 하지만 마음 놓고 개나 고양이를 키우려면 내 집이 있는 편이 좋겠다고 생각했다.

얼마 후에 부모님은 널찍한 마당이 있는 집을 구입하셨다. 드디어 내 방이 생기자 날아갈 듯 기분이 좋았다. 하지만 부모님은 그다지 행복해 보이지 않았다. 예상보다 돈이 훨씬 더 많이 든 것 같았다. 엄마 아빠의 대화를 오며 가며 듣다 보니 집안 형편이 넉넉하지 않다는 걸 자연스럽게 알게 되었다. 그래서 차마 개를 키우고 싶다는 말을 꺼내지 못하고 몇 주 더 기다려 보기로 했다.

어느 날 아침, 엄마가 잔뜩 흥분하여 나를 깨우셨다.

"키라야, 어서 일어나 보렴. 우리 집 앞에 다친 개가 쓰러져 있어."

나는 침대에서 벌떡 일어나 밖으로 달려갔다. 정말로 집과 차고 사이에 하얀 개가 누워 있었다. 깊이 잠들어 있었는데 아픈지 자꾸 몸을 흠칫거렸다.

잘 살펴보니 등에서 뒷다리까지 이어진 상처가 6센티미터 정도 되었고 피를 심하게 흘린 흔적이 있었다. 다른 개에게 물린 것 같았다. 다친 몸을 끌고 우리 집까지 가까스로 와서 기진맥진한 채 잠들어 버린 것이 분명했다. 이렇게 예쁜 개가 어쩌다가 그런 끔찍한 상처를 입었는지 마음이 아팠다.

그때 갑자기 하얀 개가 잠에서 깨어났다. 눈을 크게 뜨고 나를 쳐다보더니 두어 걸음 내디뎠다.

기운이 없어 다리를 후들거리며 다가오던 개는 매끈매끈한 돌바닥에 미끄러져 털썩 엎어지고 말았다. 그 순간 나는 그 개를 좋아하지 않을 수 없었다.
　우리는 개를 조심스럽게 안고 차에 태워 동물병원으로 데려갔다. 수의사가 크게 벌어진 상처를 꿰매고 주사를 몇 대 놓자 하얀 개는 한결 편안해진 표정으로 잠이 들었다. 짐작대로 하얀 개의 상처는 다른 개에게 물려서 생긴 것인데 조만간 나을 테니 걱정할 필요 없다고 수

의사가 말했다. 그리고 이 개의 품종이 래브라도리트리 버이며, 아이들을 좋아할 뿐만 아니라 매우 총명하고 온순해서 시각 장애인을 돕는 안내견 역할을 많이 한다고

했다.

나는 수의사 이야기를 듣는 내내 하얀 개를 쓰다듬었다. 털이 어찌나 부드러운지! 그렇게 사랑스러운 개는 본 적이 없었다.

차를 타고 집으로 돌아오는 동안 하얀 개는 한 번도 깨지 않았다. 우리는 주방 한쪽 구석에 포근한 담요를 깔고 하얀 개를 살며시 내려놓았다. 개에게서 눈을 뗄 수가 없었다. 상처가 낫지 않으면 어쩌나 싶어 걱정이 되었다.

다행히 하얀 개는 걱정이 필요 없을 정도로 아주 빨리 좋아졌다. 그러자 진짜로 걱정해야 할 문제가 생각났다.

'개가 어디에서 왔는지, 주인이 누구인지도 모르는데 우리가 이대로 데리고 있어도 되는 걸까?'

갑자기 겁이 덜컥 났다. 게다가 부모님도 개를 키울 만한 형편이 안 된다고 하실지 모른다.

원래 주인에게 돌려보내야 한다는 걸 알면서도 나는 마음속으로 제발 주인이 나타나지 않기를 빌었다. 아빠는 전단지를 붙이고 근처 동물병원에 전화를 하는 등 주인을 찾으려고 애쓰셨다. 하지만 이 하얀 개에 대하여 조금이라도 아는 사람은 한 명도 없었다.

하얀 개가 우리 집에서 머무는 기간이 길어질수록 부모님도 점점 더 이 녀석을 좋아하시게 되었고 자연스럽게 하얀 개는 우리 가족이 되었다. 우리와 함께 지내는 동안 하얀 래브라도리트리버가 입었던 상처는 씻은 듯이 나았다.

어느 날 나는 개와 녹초가 될 때까지 마음껏 뛰놀고 나서 아침을 먹으러 식탁 의자에 앉았다. 부모님은 또 돈 얘기를 하고 계셨다. 나는 아예 듣지 않기로 했다. 무슨 말인지 모르기도 하고 돈 얘기를 하실 때면 부모님 표정이 좋지 않기 때문이다.

부모님의 대화가 잠깐 멈춘 틈을 타 나에겐 훨씬 더 중요한 얘기를 꺼냈다.

"이 개의 이름이 뭘까요?"

그 순간 아무도 하얀 개의 이름을 모른다는 사실을 깨달았다. 그건 정말 곤란한 상황이었다.

이름을 모르는데 어떻게 개를 부를까?

하얀 털이 복슬복슬한 개는 그새 담요 위에서 사랑스럽게 잠들어 있었다. 그 모습을 보며 어떤 이름이 좋을지 아무리 골똘히 생각해 보아도 떠오르지 않았다.

아빠가 한숨을 푹 쉬더니 큰 소리로 말씀하셨다.

"머니, 머니, 머니……. 언제나 돈이 문제라니까!"

그때 갑자기 구석에 잠들어 있던 하얀 개가 벌떡 일어나더니 아빠에게 다가갔다.

"머니!"

나는 크게 외쳤다.

"머니라는 말을 알아들어요!"

내 말이 끝나기가 무섭게 하얀 개가 이번에는 나를 향해 달려왔.

"얘가 고른 이름이니까 머니라고 부르면 좋겠어요."

내 말을 들은 엄마가 못마땅한 표정을 지으셨다.

"머니는 돈이라는 뜻이야. 개를 돈이라고 부를 수는 없지."

하지만 엄마와 달리 아빠는 머니를 재미있는 이름이라고 생각하셨다.

"괜찮은 이름인걸. 우리가 '머니야!' 하고 부르면 돈이 우리한테 막 달려오는 거지. 그럼 온갖 걱정이 사라질 텐데……."

그때만 해도 아빠는 정말로 그런 일이 생기리라고는 꿈에도 생각지 못하셨다. 그렇게 해서 하얀 래브라도리트리버는 '머니'라는 이름을 갖게 되었다.

머니가 우리 집에 온 지 육 주가 지났지만 우리는 여전히 머니가 어디에서 왔는지 몰랐다. 사실 나는 전혀 알고 싶지 않았다. 주인이 누구인지 알게 되면 머니와 헤어져야 할 테니까. 나는 머니를 계속 곁에 두고 싶었다. 머니와 나는 아주 친한 사이가 되었고 부모님도 어느덧 머니가 있는 생활에 익숙해지신 것 같았다. 하지만 언젠가 주인이 나타나 머니를 데려갈지도 모른다는 불안감이 사라지지 않았다.

머니는 정말 믿을 수 없을 만큼 똑똑하고 참을성 많고 사랑스러운 개였다. 특히 이제껏 보았던 어떤 개보다 눈이 영리해 보였다. 가끔 머니가 내 말을 이해한다는 느낌을 받기도 했다.

래브라도리트리버는 원래 헤엄치기를 좋아한다. 그

래도 머니만큼 좋아하는 개는 없을 것 같다. 개울이든 호수든 머니는 절대로 그냥 지나치는 법이 없었다. 파도가 철썩거리고 넓은 모래사장이 펼쳐진 바다로 데려가면 머니가 얼마나 좋아할지 눈에 선했다. 하지만 아빠의 사업이 잘 안되어 당분간 여행 가기는 어려웠다.

우리가 사는 도시에는 한가운데를 가로지르는 커다란 강이 있다. 우리 가족은 일요일이면 종종 머니를 데리고 강변을 따라 산책을 하곤 했다. 꽤 드넓은 강이었는데, 특히 다리 아래쪽은 물살이 아주 빠르고 세차서 위험했다.

머니가 우리 집에서 살게 된 지 반년쯤 지났을 무렵, 어느 일요일이었다. 머니는 아침 내내 유난히 요란스럽게 뛰어다녔다. 그날도 우리는 머니를 데리고 강변으로 산책을 갔다.

그런데 내 옆에 있던 머니가 느닷없이 앞으로 휙 달려가더니 눈앞에서 사라졌다. 우리는 머니를 부르며 애타

게 찾다가 멀리 강물 속에서 허우적거리는 머니를 발견했다. 머니는 강물에 뛰어들면 안 된다는 사실을 분명히 알고 있었다.

그런데 왜 그랬는지 지금까지도 수수께끼다.

거센 물살에 휩쓸린 머니는 다리 쪽으로 떠내려가고 있었다. 다리 기둥 사이에 그물이 설치되어 있었는데 머니는 바로 거기에 꼼짝없이 갇히고 말았다. 강물이 머니의 머리 위로 넘실거렸다. 머니는 점점 물속으로 잠기고 있었다. 이대로 가다가는 조만간 더 이상 숨을 쉴 수 없을 것이 확실했다.

어떻게든 머니를 구해야만 했다. 머니가 강물에 빠져 죽는 걸 그저 지켜볼 수는 없었다. 오로지 머니에게 가야 한다는 생각뿐이었다. 이것저것 재고 따질 시간이 없었다. 나는 강물에 텀벙 몸을 던졌다.

내 몸은 순식간에 물속으로 가라앉았다. 입안으로 물이 왈칵 밀려들었다. 너무나 무서웠다. 사방이 더럽고 차가운 물로 가득했다. 어디가 위인지 아래인지 알 수 없었다. 그러다가 어느 순간 눈앞이 캄캄해졌다. 그것이 내가 다시 눈을 뜨기 전 마지막 기억이다. 그다음 일은 기억나지 않는다.

나중에 알고 보니 나도 머니가 갇힌 그물에 걸렸는데 마침 근처에 수상 경찰 보트가 있어서 머니와 내가 무사히 구조되었다. 거의 동시에 우리 둘을 물에서 꺼내 주었다는 걸 보니 내가 의식을 잃기 전에 머니를 꼭 껴안고 있었나 보다.

하마터면 물에 빠져 죽을 뻔했는데 운이 좋았다. 다행히 병원에서도 몇 시간 만에 퇴원했다. 하지만 기운이 없어서 며칠 동안 침대에 누워 쉬어야만 했다.

머니는 나보다 훨씬 더 빨리 회복했다. 하지만 내 침대 옆을 좀체 떠나지 않았다. 몇 시간씩이나 꼼짝하지 않고 내 앞에 앉아 나를 쳐다보았다. 나는 머니의 눈동자를 보고 머니가 우리에게 일어난 일을 다 알고 있다는 사실을 깨달았다.

사람들이 잘 모르고 있지만 개는 사실 눈빛으로 고마움을 표현할 수 있다. 나를 바라보는 머니의 눈길에 사랑과 감사의 마음이 가득 담겨 있었다. 물론 그 당시만 해도 강물에 빠져 죽을 뻔했던 사건 때문에 나중에 어떤 일이 벌어질지 짐작할 수 없었다.

시간이 흘러 나는 열두 살이 되었다. 우리의 일상은 여전했다. 바다로 여행을 가고 싶다는 소망은 그때까지도 이루어지지 않았다. 엄마 아빠는 불경기 때문에 우리 집 사정이 어렵다고 하셨다. '불경기'는 나라 경제 상황이 좋지 않다는 뜻이다. 나라 경제가 좋지 않은데 내 친구 모니카의 부모님은 어떻게 전보다 돈을 더 잘 버냐고 묻자, 부모님은 언짢은 얼굴로 못 들은 척 대답하시지 않았다. 아빠의 사업은 벌써 여러 달째 적자였고, 집안 분위기는 종종 아주 어두웠다. 엄마는 가끔 집을 사지 말걸 그랬다면서 한숨을 쉬셨다.

지난 일을 후회하는 것은 순전히 시간 낭비라고 생각한다. 이미 일어난 일은 돌이킬 수 없다. 더군다나 이 집으로 이사 오지 않았다면 머니를 데리고 있을 수도 없었을 테니, 집을 산 것은 잘한 일이다.

그렇게 지내던 어느 날 도저히 믿어지지 않는 일이 일어났다. 나는 얼마 전에 내가 제일 좋아하는 가수의 최신 앨범이 나왔다는 소식을 듣고 그걸 꼭 사야겠다고 마음먹었다. 마침 보고 있던 방송 프로그램에서 앨범이 소개되었고, 나는 얼른 주문하려고 휴대폰을 들었다. 그때 갑자기 누군가의 목소리가 들렸다.

"키라야, 그 앨범 정말로 살 거야? 일단 생각 좀 해 보는 게 좋겠어."

깜짝 놀라 두리번거리며 방 안을 살폈다. 방문은 닫혀 있었고 방에는 나 혼자였다. 물론 머니가 내 옆에 있었지만 나에게 말을 걸 사람은 아무도 없었다. 착각했다고 생각하고 다시 휴대폰을 들었다.

방금 전의 목소리가 또 들렸다.

"그 앨범을 사면 이번 달 용돈이 거의 안 남을 텐데, 그래도 괜찮아?"

머니가 고개를 갸우뚱하고 내 앞에 서 있었다. 꼭 머니가 목소리를 낸 것 같았다. 그럴 리가 없었다. 온몸이 오싹했다. 나는 속으로 생각했다.

'개는 말을 못 하잖아. 머니처럼 똑똑한 개라도 말을 할 수는 없어.'

머니가 나를 빤히 쳐다보았다.

"오래전에는 개도 말할 수 있었어. 물론 말하는 방식은 사람과 달랐지. 지금은 그 능력이 점점 사라지고 있지만 나한테는 아직 남아 있어."

언젠가 텔레비전에서 말하는 낙타를 본 적이 있다.

'하지만 그건 영화였는걸. 이건 영화

가 아니라 생생한 현실이야.'

불현듯 이런 생각이 떠올랐다.

'지금 꿈꾸고 있는 걸지도 몰라.'

나는 얼른 볼을 꽉 꼬집었다. '아야!' 소리가 절로 나올 만큼 아팠다. 절대로 꿈이 아니었다.

머니는 그런 나를 지켜보았다. 목소리가 다시 들렸다.

"이제 제대로 얘기할 준비가 됐어? 아니면 계속 그렇게 볼을 꼬집으면서 이상하다고 생각할 거야?"

설명할 수는 없지만 갑자기 머니의 목소리를 들을 수 있다는 사실이 아무렇지 않게 느껴졌다. 마치 머니와 내가 몇 년 동안 말을 주고받았던 것처럼 그 상황이 아주 자연스럽게 여겨졌다. 희한한 건 말하는 동안 머니의 주둥이가 전혀 움직이지 않는다는 점이다.

머니는 내 생각을 읽기라도 한 듯 말을 이어 갔다.

"우리 개들은 사람보다 훨씬 더 세련된 방식으로 대화할 수 있어. 뭔가 말하고 싶은 게 있으면 상대방의 뇌에 직접 전달하지. 그래서 네가 무슨 생각을 하는지 바로 알아차리는 거야."

그 말을 듣는 순간 화들짝 놀라고 말았다.

"내 생각을 전부 읽었단 말이야?"

나는 얼른 머릿속으로 내가 그동안 무슨 생각을 했는지 떠올려 보려고 애썼다.

머니의 목소리가 내 생각을 가로막았다.

"당연히 네가 무슨 생각을 하는지 알지. 친한 사이가

되면 상대방의 생각을 어느 정도 읽을 수 있는걸. 그래서 돈 문제로 힘들어하시는 부모님 때문에 네가 얼마나 속상한지도 알고 있어. 그런데 내가 보기에 너도 부모님과 같은 실수를 하려고 해. 돈을 현명하게 다루는 태도는 아주 어린 시절에 결정되기 때문에 부모님처럼 어려움을 겪지 않으려면 지금이 중요해.

원래 나는 너랑 얘기하면 안 돼. 나한테 이런 능력이 있다는 게 밝혀지면 사람들이 나를 가둬 놓고 온갖 실험을 하려고 들걸. 그래서 그동안 아무한테도 내 능력을 보여 주지 않았어. 하지만 너는 위험을 무릅쓰고 물에 빠진 날 구해 줬으니까 예외로 한 거야. 이건 우리 둘 사이의 비밀이니까 절대로 다른 사람한테 말하면 안 돼."

머니에게 물어보고 싶은 것이 정말 많았다. 어디에 살았는지, 주인은 어떻게 생긴 사람이었는지, 어쩌다가 그런 상처를 입었는지……. 하지만 머니는 고개를 절레절레 흔들었다.

"우리가 이렇게 대화를 나눌 수 있다는 건 정말 큰 행운이야. 모든 건 때가 되면 이해하게 될 거야. 지금은 그런 질문으로 시간을 낭비하지 말자. 너랑은 딱 한 가지, 돈에 대해서만 얘기하는 게 좋겠어. 우리가 얘기할 수 있는 시간이 얼마나 될지 모르니 시간이 있을 때 가능한 한 많이 얘기하고 싶어."

'하지만 돈보다 궁금한 게 많은데……..'

나는 실망했다. 게다가 엄마는 돈이 인생에서 가장 중요한 것은 아니라고 종종 이야기하셨다.

머니는 아랑곳하지 않고 계속 말했다.

"나도 돈이 인생에서 가장 중요하다고 생각하는 건 아니야. 하지만 돈에 쪼들리면 돈이 아주 중요해져. 우리 둘 다 강에 빠져 죽을 뻔했던 일을 돌이켜 봐. 물 밖으로 나오는 일이 가장 중요했잖아. 나머지는 그다음 일이고. 네 부모님도 물에 빠져 죽을 것 같은 위태로운 상황에 놓인 거야. 형편이 너무 안 좋으니까 돈 얘기만 하시는 거지. 너한테는 그런 일이 닥치지 않도록 해 주고 싶어. 그러려면 네가 부모님과는 다른 경제관념을 가져야 해. 돈이 앞으로 네가 살아가는 데 얼마나 많은 기쁨을 줄 수 있는지 보여 줄게."

부모님에게 돈이 많으면 좋았을 거라는 아쉬움은 당연히 있었다. 하지만 그때까지 돈에 대해서 진지하게 고민해 본 적은 한 번도 없었다. 한편으로는 한낱 개에 불과한 머니가 과연 돈에 관해서 올바른 조언을 해 줄 수 있을지 의심스러웠다.

내 생각을 짐작한 머니가 자신만만하게 말했다.

"두고 보면 알게 되겠지."

머니가 뽐내는 듯한 미소를 살짝 띠는 것처럼 보였다.

"그런데 훨씬 더 중요한 게 있어. 네가 진심으로 돈에 대해서 배우고 싶어 할 때에만 너를 도와줄 수 있어. 그러니까 잘 생각했으면 좋겠어. 사람들은 스스로를 속이기 쉽거든. 가끔은 네 생각을 적어 놓을 필요가 있어. 내일까지 부자가 되고 싶은 이유를 열 가지 적어 봐. 그리고 오후 네 시에 숲으로 산책 가서 얘기하자."

돈이라는 복잡한 문제를 이해하기에 내가 너무 어리다는 생각이 들었다. 게다가 부모님을 보면서 돈은 결코 즐거운 화젯거리가 아니라는 걸 충분히 알았다.

머니는 내 생각을 읽었는지 곧바로 대꾸했다.

"네 부모님이 지금 돈 때문에 어려운 건 네 나이 때 돈을 잘 관리하는 법을 배우지 못했기 때문이야. 중국 속담에 이런 말이 있어.

'큰일을 하려면 작은 일부터 해라.'

나는 너한테 돈이 움직이는 원리나 돈에 숨은 비밀을 알려 주고 싶어. 그러려면 우선 네가 진심으로 알고 싶어 해야 해. 그러니까 부자가 되고 싶은 이유 열 가지를 찾아봐. 찾고 나서 다시 얘기하자."

대화가 끝난 후 나는 골똘히 생각에 잠겼다. 생각할 것이 무척 많았다. 우선 머니의 비밀을 누구에게도 털어놓지 않겠다고 단단히 결심했다. 머니가 실험 대상이 될지도 모른다고 생각하니 끔찍했다. 사람들이 머니를 실험실에 가두고 온몸에 주사기를 꽂아 피를 뽑는 광경이 머릿속에 떠올랐다. 그런 일이 결코 일어나서는 안 된다. 머니가 '말을 할 수 있다'는 사실을 절대 말하지 않기로 다시 한번 다짐했다. 그리고 머니의 신기한 능력에 대해서도 너무 궁금해하지 않기로 했다. 머니 말대로 정말 신경 써야 할 문제에 방해가 될 것 같았다. 사실 내가 벌써 돈에 관심을 가져도 괜찮은지 망설여지기도 했다. 하지만 머니가 들려준 중국 속담을 생각했다.

'큰일을 하려면 작은 일부터 해라.'

무슨 뜻일까? 퍼뜩 머리를 스치는 생각이 있었다. 어쩌면 옆집에서 키우는 헨리 같은 경우를 말하는지도 모른다. 헨리는 다섯 살이 넘었을 때 옆집에 왔는데 도무지 말을 듣지 않았다. 옆집 사람들은 버릇을 고치려니 아주 힘들다면서 개가 어릴 때 가르쳐야 쉽게 배운다고 말하곤 했다.

돈에 관해서는 부모님도 헨리와 비슷할 수 있다. 그리고 머니는 돈에 대해 무엇이든 알고 있는 것처럼 보였다. 그래서 머니의 말대로 내가 왜 '부자'가 되고 싶은지 열 가지 이유를 찾기로 했다. 생각보다 쉽지 않았다. 내가 바라는 것들은 대부분 돈이 별로 들지 않기 때문이다.

세 시간이나 끙끙거리고 고민한 뒤에야 나는 겨우 목록을 완성했다. 다 작성하고 나니 갑자기 '부자'가 되는 게 무척 좋은 일이라는 생각이 들었다. 부자가 되면 내가 목록에 적은 물건을 쉽게 살 수 있고, 또 신나는 경험을 많이 할 수 있을 것이다. 너무 멀리 살아서 오랫동안 보지 못한 친구 제니도 생각났다. 부자가 되면 제니도 볼 수 있고, 더 많은 것을 할 수 있다는 사실을 새삼 깨달았다. 내 친구 모니카에게 이런 생각을 말해도 되는지 머니에게 물어보고 싶었다. 머니와 다시 얘기할 시간이 너무 기다려졌다.

'어떻게 하면 부자가 될 수 있는지 알게 될 거야……'

부자가 되고 싶은 10가지 이유

1. 기어가 18단인 자전거를 갖고 싶다.

2. 좋아하는 가수의 앨범을 다 사고 싶다.

3. 오래전부터 갖고 싶었던 운동화를 사고 싶다.

4. 200킬로미터나 떨어진 곳에 사는, 친한 친구 제니를 만나러 가고 싶다.

5. 여름 방학에 미국에서 열리는 교환 학생 프로그램에 참가하고 싶다. 그러면 영어 실력도 좋아질 것이다.

6. 부모님에게 돈을 드리고 싶다.
그러면 빚을 갚는 데 보탬이 될 수 있고, 엄마 아빠의 기분도 좋아질 것이다.

7. 부모님에게 레스토랑에서 근사한 이탈리아 요리를 대접하고 싶다.

8. 나보다 어려운 처지에 있는 가난한 아이들을 도와주고 싶다.

9. 유명 브랜드의 검은색 청바지를 사고 싶다.

10. 노트북을 사고 싶다.

2. 소원 노트와 소원 저금통

　다음 날 오후, 숙제를 하면서도 머니와 얘기할 생각뿐이었다. 네 시가 되자마자 나는 부리나케 마당으로 달려갔다. 머니는 벌써 나갈 준비를 끝냈다. 나는 얼른 머니의 목줄을 잡고 숲으로 향했다. 둘만의 은신처에 도착하기 전까지는 한마디도 꺼낼 수 없었다.
　우리 은신처는 나무딸기 덤불 안에 있는, 움푹하게 패인 구덩이 같은 곳이다. 덤불 사이로 난 좁은 길을 헤치고 5미터 정도 들어가면 작은 빈터가 나오는데, 거기에 머니랑 나만 아는 은신처를 만들었다. 아무도 우리를 방해할 수 없는 무척 아늑한 곳이다.

나는 은신처에 도착하자마자 잔뜩 기대에 부풀어 머니를 쳐다보았다.

'설마 말하는 능력이 사라진 건 아니겠지?'

묻고 싶은 것이 너무나 많았지만 머니가 돈에 관해서만 얘기하겠다고 했던 게 떠올랐다. 그래서 머니가 입을 열 때까지 꾹 참고 기다렸다.

머니가 나를 똑바로 보며 물었다.

"키라야, 부자가 되면 얼마나 좋을지 생각해 봤어?"

"물론이야."

얼른 대답하고 주머니에서 목록을 꺼냈다.

"나한테 읽어 줘."

나는 부자가 되고 싶은 열 가지 이유를 읽어 주었다.

다 들은 뒤 머니가 물었다.

"그중에서 어떤 게 가장 중요하니?"

"전부 중요해."

"그래도 가장 중요한 것 세 개만 골라 볼래?"

나는 목록을 처음부터 끝까지 차근차근 읽어 보았다. 열 개 가운데 딱 세 개만 고르는 일은 결코 만만하지 않았다. 마침내 마음을 정하고 가장 중요한 것 세 개를 골라 동그라미를 쳤다.

⑤ 여름 방학에 미국에서 열리는
교환 학생 프로그램에 참가하고 싶다.
그러면 영어 실력도 좋아질 것이다.

⑥ 부모님에게 돈을 드리고 싶다.
그러면 빚을 갚는 데 보탬이 될 수 있고,
엄마 아빠의 기분도 좋아질 것이다.

⑩ 노트북을 사고 싶다.

"정말 잘 골랐어. 아주 현명한 선택이야. 칭찬해야겠는걸."

머니가 기뻐했다.

어깨가 으쓱했다. 그렇지만 머니가 왜 이런 것을 시키는지 잘 이해되지 않았다. 언제나처럼 내 생각을 읽은 머니가 차분하게 설명했다.

"사람들은 대부분 자기가 원하는 게 뭔지 잘 몰라. 그저 더 많이 갖고 싶다고만 생각하지. 인생이 커다란 온라인 쇼핑몰이라고 상상해 봐. 쇼핑몰에 '많이'라고 주문하면 어떻게 될까? 아무것도 받지 못할 거야. 예쁜 물건을 주문해도 마찬가지지. 우리의 소원도 주문과 같아. 소원을 이루려면 자신이 무엇을 바라는지 분명하게 알아야 해."

머니의 말이 영 미심쩍었다.

"바라는 걸 확실하게 알면 소원이 이루어진다는 뜻이야?"

"당연히 그걸로 충분하지 않지. 다만 무엇을 바라는지 정확히 아는 건 소원을 이루는 데 가장 중요한 첫 번째 단계야."

"소원을 적은 게 첫 번째 단계란 말이지?"

머니가 대답했다.

"그래. 이제부터는 네가 적은 소원 목록을 매일 들여다봐. 그래야 기억할 수 있어. 그러다 보면 자연스럽게 소원을 이루기 위해 할 수 있는 일이 생각날 거야."

"그렇게 된다면 얼마나 좋을까!"

나는 머니의 말이 여전히 믿기지 않았다.

머니가 정색하고 타일렀다.

"그런 태도로는 절대 소원을 이룰 수 없어. 내가 지금부터 알려 주는 세 가지를 따라 해 봐. 태도가 금방 바뀔 걸. 첫 번째는 소원 노트를 만드는 거야. 거기에 네 소원과 관련된 그림이나 사진을 붙여. 무언가를 생각할 때는 이미지를 먼저 떠올리거든."

"이미지를 먼저 떠올린다고?"

머니가 친절하게 설명을 이어 갔다.

"미국을 한번 생각해 봐. '미국'라는 글자가 떠오르니? 아니면 미국과 연관된 이미지가 떠오르니?"

머니 말이 맞았다. 미국을 생각하니 디즈니랜드, 샌프란시스코, 할리우드의 풍경이 떠올랐다.

"소원 노트에 붙일 사진을 어디서 구하는데?"

머니가 이상한 표정을 지었다. 눈을 치켜뜬 모습이 꼭 나를 비웃는 것 같았다.

나는 얼른 말을 이었다.

"알았어. 사진은 찾아보면 쉽게 구할 수 있겠지. 하지만 그런 게 왜 필요해?"

"과정을 일일이 이해할 필요는 없어. 그냥 효과가 있다는 게 중요하지. 너는 전기가 작동하는 방식을 설명할 수 있니?"

예기치 못한 질문이었다. 하필이면 전기에 대해서 물

어보다니! 중력이라면 얼마 전에 학교에서 배웠으니까 뭐라도 말했을 텐데…….

머니는 내 대답을 기다리지 않았다.

"그것 봐. 어떻게 전기가 흐르는지 몰라도 스위치를 누르면 불이 켜진다는 건 알잖아. 우리 개들은 이론에 딱히 관심이 없어. 실제로 작동한다는 걸 알기만 하면 돼. 그러니까 내 말대로 노트를 하나 마련해서 사진을 붙여."

나는 변명조로 대꾸했다.

"단지 좀 궁금했을 뿐이야."

머니가 즉시 내 말을 받았다.

"궁금한 게 나쁘다는 건 아니야. 다만 알고 나서 하겠다는 생각으로 정작 해야 할 일을 안 할까 봐 그렇지. 완전히 이해하지 못했다는 이유로 망설이고 또 망설이다가 기회를 놓치는 사람이 수두룩한걸. 충분히 이해하지 못해도 일단 하는 게 훨씬 더 현명한 태도야."

"좋아. 시험 삼아 해 볼게."

"시험 삼아 해 보는 게 아니라 그냥 하라니까. 그렇게 말하는 사람은 일이 잘되지 않을 거라고 예상하는 거야. 미리 핑계를 만들어 놓는 셈이지. 한번 해 보는 건 없어. 하거나 하지 않거나 둘 중 하나야."

머니의 말을 곰곰이 생각해 보았다. 내가 아는 사람 중에서 항상 이것도 해 보겠다, 저것도 해 보겠다고 말하는 사람이 있었는데, 누구였더라……. 맞다, 아빠! 아빠는 늘 새로운 고객을 확보해 보겠다고 말하셨다. 하지만 대부분 실패했다. 어쩌면 '해 본다'는 말 때문이 아니었을까? 머니 말은 일리가 있다. 나는 '해 본다'는 말을 하지 않기로 다짐해 봤다.

머니가 갑자기 나지막하게 으르렁거렸다. 이런, 망했다. 또 말해 버렸다. 다짐해 보는 게 아니라 꼭 다짐해야겠다. 머니는 주의 깊게 나를 살피더니 달래듯 말했다.

"쉽지 않지?"

소원을 이루려면 할 일이 세 가지 있다고 머니가 말했던 것이 기억났다.

'소원 노트를 만드는 게 첫 번째라면 나머지 두 개는 뭐지?'

머니가 바로 대답했다.

"두 번째로 할 일은 소원 노트에 붙인 사진을 하루에도 몇 번씩 보면서 소원이 이루어진 모습을 상상하는 거야. 네가 미국에 가 있는 모습, 노트북으로 숙제를 하고 있는 모습, 빚이 줄어서 엄마 아빠가 기뻐하시는 모습을 말이야."

나는 잠시 어리둥절했다.

"그건 꿈꾸는 거나 마찬가지잖아. 엄마는 나한테 늘 꿈속에 살지 말라고 하시는걸."

머니는 차근차근 설명했다.

"내 말은 눈앞에 생생하게 그리라는 거야. 성공한 사람들은 모두 자신의 성공을 꿈꿨어. 항상 목표를 이룬 모습을 머릿속에 그렸지. 물론 단순히 꿈에 머물러서는 안 돼. 엄마 말씀도 아마 그런 뜻일 거야."

머니가 하는 말은 전부 생소하게 들렸다. 돈에 대해 배우는 첫 수업이 내가 막연하게 상상했던 것과는 완전히 달랐기 때문이다.

내 생각을 읽은 머니가 서둘러 설명을 이어 갔다.

"배운다는 건 새로운 생각과 아이디어를 알게 되는 거야. 계속 똑같은 방식으로 생각하면 결과는 늘 같을 수밖에 없어. 내가 말하는 게 처음 듣는 얘기일 수 있어. 그래도 직접 해 보기 전에 미리 판단하지 말라고 부탁할게. 원하는 걸 눈앞에 생생하게 그리지 않는 한 절대로 목표를 이룰 수 없어. 원하는 것에 집중해야만 그걸 이룰 수 있는 방법이 점점 구체적으로 생각나게 될 거야. 종종 사람들은 자신이 원하는 것에 집중하기보다 별로 원치도 않는 것에 마음을 뺏기거든."

머니의 말을 들으니 크리스텔 고모가 생각났다. 고모

는 무슨 일을 하든 입버릇처럼 너무 힘들어서 못하겠다고 말하셨다. 그러다 보니 결국 사소한 일도 제대로 하지 못했다. 아빠도 비슷했다. 아빠는 늘 우리 형편이 얼마나 안 좋은지 걱정하셨다. 하지만 그렇다고 상황이 나아지지는 않았다. 오히려 점점 더 나빠질 뿐이었다.

"세 번째는 소원 저금통을 만드는 거야."

머니의 목소리가 들려오는 바람에 내 생각은 거기서 멈추었다.

"소원 저금통?"

놀라서 묻자 머니는 웃음을 터뜨렸다.

"돈이 있어야 교환 학생 프로그램에 참여하러 미국에 갈 수 있잖아. 소원 저금통은 돈을 모으는 좋은 방법이야. 아무거나 괜찮으니까 저금통으로 만들 통이나 상자를 구해서 그 위에 소원을 적어. 소원 한 개당 저금통 한 개가 필요해. 소원 저금통을 만들면 네가 저축할 수 있는 돈을 몽땅 집어넣는 거야."

아무리 생각해도 말이 안 되는 소리였다.

"그럼 저금통을 여러 개 만들어야 하잖아. 그리고 저금통마다 2000원씩 넣는다고 쳐. 그럼 스무 살은 넘어야 돈을 다 모을 수 있을걸. 게다가 그렇게 모으려면 다른 데 쓸 돈은 하나도 없을 거야……."

머니가 차분한 표정으로 나를 바라보았다.

"넌 늘 해 보기도 전에 안 된다고 하더라. 알고 있니?"

나는 살짝 무안해서 중얼거렸다.

"가끔 그러긴 해. 하지만 지금은 용돈을 더 많이 받을 방법을 궁리하는 게 훨씬 낫지 않을까? 가진 돈이 두 배가 되면 아무 문제없을 테니까."

머니가 아주 심각한 목소리로 말했다.

"키라야, 지금은 내 말이 믿기지 않겠지만 용돈이 열 배가 되면 문제도 열 배로 커져. 수입이 늘어날수록 지출도 많아지거든."

머니의 말은 과장이 너무 심한 것 같았다. 용돈이 열 배가 되면 분명 아무 걱정 없이 행복할 것이다.

머니는 내 생각에 조금도 동요하지 않고 계속 말했다.

"부모님을 보렴. 너보다 열 배, 아니 백 배도 넘는 돈을 가지고 있지만 돈 문제로 괴로워하시잖아. 돈이 얼마나 많은지가 중요한 게 아니야. 가진 돈으로 무엇을 하는지가 훨씬 더 중요해. 우선 지금 가지고 있는 돈을 제대로 관리하는 법을 배워야 해. 그래야 더 많은 돈도 다룰 수 있지. 그건 조만간 좀 더 자세하게 설명할게. 지금은 소원 저금통 얘기로 돌아가자. 일단 만드는 게 어때?"

나는 선뜻 내키지 않았다.

"갖고 싶은 게 많아서 저금통을 여러 개 만들어야 해. 어디에 얼마를 넣어야 할지도 모르겠어."

머니가 침착하게 대답했다.

"그래서 너한테 가장 중요한 소원을 세 개 고르라고 했잖아."

내가 작성한 목록을 다시 보았다. 교환 학생 프로그램에 참가하기와 노트북 사기 그리고 부모님에게 돈 드리기에 동그라미 표시가 되어 있었다. 교환 학생 프로그램과 노트북을 위한 저금통은 만들 수 있을 것 같았다. 하지만 마지막 소원은 도저히 이룰 수 없을 것 같았다.

머니는 내 걱정을 눈치챘다.

"부모님 빚은 며칠 있다가 다시 얘기하자. 의외로 쉽게 해결될 수도 있어. 지금은 소원 저금통만 생각하는 게 어때? 두 개면 되니까 충분히 만들 수 있지?"

"알았어. 해 볼……. 아니다. 할게!"

나는 얼른 약속했다.

"그럼 당장 시작하자. 어서 소원이 이루어졌을 때를 상상해 봐."

머니가 재촉했다. 나는 당황스러웠다.

"지금 여기서 하라고?"

머니는 말없이 고개를 끄덕였다. 나는 좀 멋쩍었지만 두 눈을 감고 노트북으로 숙제하는 모습을 상상했다.

'노트북으로 작업하면 글도 고치기 쉽고 결과물도 훨씬 더 근사하겠지. 분명 더 좋은 점수를 받을 거야. 게다가 신나는 컴퓨터 게임도 할 수 있을 테고…….'

교환 학생으로 미국에서 삼 주 동안 지내는 내 모습도 그려 보았다.

'내가 머무는 집의 사람들이 모두 나에게 친절하게 대해 주겠지. 말이 아주 잘 통하는 친구도 생길 거야. 단

짝이 되어 재미있는 경험을 많이 하겠지. 새로운 것을 아주 많이 배우게 될 거야…….'

아빠가 나를 공항에 데려다주시는 장면도 떠올려 봤다. 빚을 다 갚은 아빠는 더없이 홀가분해 보였다. 나를 자랑스럽게 여기는 기색이 역력했다. 아빠가 기분이 좋아 보여 나도 행복했다. 아빠는 심지어 휘파람을 불기도 하셨다. 음정이 하나도 맞지 않아서 듣기 괴로웠다. 하지만 아빠의 기분을 맞추려고 나는 기꺼이 참았다.

잠시 후 내가 눈을 뜨자마자 머니가 물었다.

"어땠니?"

"기분이 좋았어. 정말 마음에 들더라. 그런데 이게 어떻게 도움이 된다는 거야?"

"전기를 생각해 봐. 전기가 어떻게 작용하는지 꼭 알아야 하는 건 아니잖아. 작용한다는 사실을 아는 것만으로도 충분해. 솔직히 나도 정확하게 설명하기 어려워. 어떤 지혜로운 갈매기가 이렇게 말한 적이 있대.

'어딘가를 향해서 날아가기 전에 그곳에 도착한다는 확신이 있어야 한다.'

원하는 게 있으면 그걸 이미 갖고 있다고 상상해야 해. 그래야만 소망에 그치지 않고 강한 욕구가 되는 거야. 언젠가는 교환 학생 프로그램에 참여해 미국을 여행하고 싶은 마음이 점점 더 커질 거야. 소원을 이룬 네 모습을 더 자주 생생하게 그릴수록 소원을 이루고 싶은 마음은 점점 더 강렬해져. 그럼 넌 소원을 이루려고 여러 가지 방법을 찾기 시작하겠지. 키라야, 내 말을 믿어. 방법은 얼마든지 있어. 하지만 그건 열심히 찾을 때에만 보이는 법이야. 그리고 간절한 마음이 있어야만 소원을 이룰 수 있는 방법을 찾게 될 거야. 간절한 마음은 원하는 걸 이룬 모습을 생생하게 그릴 때 생기는 거고."

나는 머니가 한 말을 곱씹어 보았다.

"네 말이 맞는 것 같아. 돌이켜 보니 교환 학생으로 미국에 가는 걸 진지하게 고민한 적은 없었어. 언젠가 엄마한테 슬쩍 물어봤는데 우리 형편으로는 무리라고 하셨거든. 그 이후론 막연히 가고 싶다는 마음뿐이었지 제대로 생각해 보지 않았어. 그런데 지금은 꼭 가고 싶어졌어."

머니가 만족스럽다는 듯 중얼거렸다.

"그럼 내 덕분이니까 맛있는 간식을 줄 거지?"

아차, 어느 순간부터 머니가 개라는 사실을 잊고 있었다. 얼른 간식 몇 개를 꺼내 내밀자 머니는 순식간에 먹어 치웠다.

머니에게 묻고 싶은 것이 정말 많았다. 머니의 비밀을 다 알고 싶었다. 하지만 머니가 돈에 대해서만 얘기하겠다고 했으니 참았다. 그래도 도저히 묻지 않고는 배길 수 없는 게 하나 있었다.

"머니야, 어떻게 이런 걸 다 아는 거니?"

머니가 나를 놀리듯 대꾸했다.

"우리 개들이 워낙 똑똑하거든."

"그럼 불도그나 푸들도 똑똑하단 말이야?"

머니가 웃음을 터뜨렸다.

"전에 부자 아저씨랑 산 적이 있어. 그 얘기는 지금 하고 싶지 않아. 때가 되면 알게 될 거야. 이제 집에 가자. 벌써 시간이 많이 지났어."

머니 말대로 어느새 저녁 먹을 시간이었다. 우리는 서둘러 집으로 달려갔다. 저녁을 먹으면서도 머릿속은 온통 소원 노트와 소원 저금통을 만들 생각뿐이었다. 입맛도 별로 없었다. 엄마가 걱정스러운 얼굴로 물어보셨다.

"키라야, 무슨 일 있니?"

나는 크게 한숨을 쉬었다. 생각할 것도, 궁금한 것도 많았지만 아무 말도 할 수 없었다.

저녁 식사가 끝나고 방으로 올라가자마자 나는 소원 노트를 만들기 시작했다. 마침 예전에 스크랩북으로 쓰려고 사 두었던 노트가 있어서 다행이었다. 소원 노트에 붙일 노트북과 미국 사진을 인터넷으로 찾아보면서 그동안 막연하게 바라기만 했을 뿐 제대로 관심을 갖고 알아볼 생각조차 하지 못했다는 사실을 새삼 깨달았다. 찾은 사진은 내일 프린트해서 붙이기로 하고 소원 저금통을 만들기 시작했다.

적당한 상자를 찾던 나는 초콜릿 상자를 발견했다. 돼지 저금통처럼 돈 넣는 구멍을 만들고 뚜껑에 사인펜으로 굵게 '노트북'이라고 썼다. 그리고 열 수 없도록 뚜껑을 스카치테이프로 붙였다. 아주 근사한 노트북 사진을 뚜껑에 붙여야겠다고 생각했다.

'가능하면 큰 사진이 좋겠어. 뚜껑 전체를 덮을 만큼. 그럼 꼭 노트북처럼 보이겠지. 돈 넣는 구멍이 보이긴 하겠지만.'

생각할수록 마음에 들었다. 다른 저금통은 과자 상자를 이용해서 완성한 다음, 윗면에 '교환 학생'이라고 적었다.

나는 앉아서 생각에 잠겼다.

'이제 저금통을 만들었으니 돈을 넣어야 할 텐데……. 얼마나 저금하지?'

내 용돈은 한 달에 2만 원이라 겨우 가수 앨범 한 장 정도 살 수 있었다.

'저금통 한 개에 5000원씩 넣으면 앨범 살 돈이 없는걸. 어떻게 하지?'

정말 어려운 결정이었다. 나중에 앨범을 많이 갖고 있는 것이 좋을까, 아니면 큰 목표를 달성하는 것이 좋을까? 곰곰이 생각해 보니 분명해졌다. 앨범은 두 달이나 석 달에 한 개만 사도 된다. 그럼 용돈의 절반은 저축할 수 있다. 따져 볼수록 괜찮은 생각이었다. 저금통 두 개에 5000원씩 집어넣었다.

나는 소원 저금통을 흐뭇하게 쳐다보았다. 갑자기 저금통 두 개가 아주 대단하게 보였다. 정말로 내 소원을 이루어 줄 것처럼 느껴졌다. 더할 나위 없이 기분이 좋았다.

침대에 누웠지만 잠이 오지 않았다. 엄청난 모험을 앞두기라도 한 듯 가슴이 두근거렸다.

'오늘 정말 많은 걸 알게 됐어! 앞으로 신나는 일이 얼마나 많이 생길까? 머니처럼 특별한 능력을 가진 개가 있는 사람은 이 세상에 나뿐일 거야!'

그러다가 어느덧 잠이 들었다. 머니와 미국 그리고 노트북이 나오는 꿈을 꾸었다.

3. 백만장자가 된 대럴

"키라야, 이제 일어나야지!"

꿈결에 엄마 목소리가 들렸다. 엄마가 깨우시지 않았다면 틀림없이 늦잠을 자고 말았을 거다. 사람들이 늦잠을 자는 건 꿈 때문인 것 같다.

침대에 누워 기지개를 활짝 켰다. 커튼을 열자 아침 햇살이 환하게 비쳐 들었다. 엄마는 못마땅한 표정으로 어질러진 방 안을 둘러보다가 내가 만든 소원 저금통을 발견하셨다. 양손에 저금통을 한 개씩 집어 든 엄마는

'노트북'과 '교환 학생'이라는 글자를 읽고는 이맛살을 찌푸리셨다.

"대체 무슨 생각으로 이런 걸 만들었니?"

얼굴이 빨갛게 달아올랐다.

"엄마도 내가 미국 교환 학생 프로그램에 참가하고 싶어 한다는 것 아시잖아요. 또 노트북이 있으면 숙제하기 훨씬 편할 거라고 생각했어요. 그래서 돈을 모으려는 거예요."

엄마는 어이없다는 얼굴로 나를 쳐다보더니 양손에 들고 있던 저금통을 흔드셨다. 달그락거리는 소리가 나자 엄마가 다소 놀란 표정을 지으셨다.

"진짜로 돈이 들어 있네. 얼마나 넣었니?"

나는 마음이 상해서 작게 중얼거렸다.

"5000원이요."

"그래, 그래. 노트북 사려고 5000원, 미국에 가려고 5000원. 다 모으려면 얼마 안 걸리겠네."

엄마가 픽 하며 헛웃음을 치셨다.

"미국 가는 데 200만 원 정도 필요하다고 치면……."

엄마가 말을 멈추더니 머릿속으로 계산하시기 시작했다. 금방 답이 나오지는 않았다.

"……한 달에 5000원씩 일 년 모으면 6만 원이고 십 년이면 60만 원이겠네……. 미국에 가려면 삼십 년도 넘게 걸리겠다!"

계산을 마친 엄마는 크게 웃음을 터뜨리셨다.

나를 놀리는 엄마가 정말 싫었다. 엄마 말을 들으니 내가 너무 바보같이 느껴져 눈물이 났다. 우는 모습을 보이고 싶지 않아 어떻게든 눈물을 참으려고 했지만 눈물이 멈추지 않았다. 그래서 더 화가 났다.

엄마는 방을 나서면서 큰 소리로 아빠를 부르셨다.

"여보, 우리 딸이 이제 보니 경제 박사인가 봐. 조만간 비행기 타고 미국 가게 생겼어."

엄마의 웃음소리가 방 밖에서 울렸다.

나는 더 이상 참을 수 없어 소리쳤다.

"두고 보세요. 내년 여름 방학에 꼭 미국에 갈 테니까. 미국에 가면 엽서 한 장 보내지 않을 거예요. 엄마 아빠 빚 갚는 것도 절대 도와드리지 않을 거고요!"

방문을 쾅 닫고 침대에 엎드려 흐느껴 울었다. 엄마가 물어보셨을 때 적당히 둘러대지 않고 곧이곧대로 털어놓은 내 잘못이었다. 스스로 놀림감이 되다니! 마음 같아선 소원 저금통을 발로 밟아 버리고 싶었다.

'정말 멍청한 생각이었어. 이런 걸로 소원이 이루어질 리가 없잖아.'

머니에게 터무니없는 계획이라고 얘기해야겠다. 삼십 년이나 지나야 미국에 갈 수 있다니, 참 기가 막혔다!

학교에서도 내내 기분이 좋지 않았다. 수업에도 전혀 집중할 수 없었다. 그나마 시험 보는 날이 아니라서 천만다행이었다. 시험이 있었더라면 보나 마나 완전히 망쳤을 것이다. 짝꿍이자 절친인 모니카와도 한마디 하지 않고 앞쪽만 뚫어지게 바라보았다. 한시라도 빨리 학교가 끝나길 바랐다. 모니카는 아무 말 없는 내가 답답했는지 나에게 쪽지를 건넸다. 나는 쪽지를 읽지도 않고 바지 주머니에 집어넣었다.

쉬는 시간이 되자 얼른 밖으로 나갔다. 혼자 있고 싶었다. 모니카가 따라오더니 언짢은 얼굴로 물었다.

"왜 그래? 어디 아파? 아니면 뭐 잃어버렸어? 그것도 아니면 부모님한테 혼나서 그래? 걱정 마, 좀 지나면 괜찮아질 거야. 아, 혹시 머니 주인이 나타났어?"

"다 아니야."

나는 모니카의 말을 잘랐다. 내버려두면 쉬는 시간 내내 질문으로 나를 귀찮게 할 기세였다. 모니카는 원래 말이 많다. 많아도 너무 많다. 그러다 보니 무슨 말이든 혼자 간직할 수가 없다. 오죽하면 우리 반 반장 제이슨이 모니카에게 말하는 건 확성기에 대고 소리치는 것이나 다름없다고 했을 정도이다.

하지만 모니카는 쌀쌀맞은 내 태도에 전혀 아랑곳하지 않았다. 말이 많은 사람들이 으레 그렇듯 모니카 역시 궁금한 게 무척 많았다. 대답하지 않으면 계속 나를 귀찮게 할 것이 틀림없었다. 어떻게 이야기해야 머니를 위험에 빠뜨리지 않으면서 모니카의 호기심을 잠재울 수 있을까? 잠깐 고민하다가 내가 만든 저금통을 보고 엄마가 비웃었던 얘기를 해 줬다. 그리고 마지막에 이렇게 덧붙였다.

"그러니까 돈을 많이 모아야 해. 가능한 한 빨리."

모니카는 어리둥절한 표정으로 나를 쳐다보았다.

"그럼 할머니나 할아버지한테 달라고 해. 분명히 주실 거야. 나 같으면 그렇게 하겠다."

나는 한숨을 쉬며 대꾸했다.

"우리 할머니와 할아버지도 여유가 없으셔. 그럭저럭 꾸려 나가시는 형편인걸."

모니카의 집안은 부자이니, 모니카가 이해를 못 하는

것도 당연했다. 하지만 우리 집안은 결코 부자가 아니다.

"삼촌이나 고모한테 물어보는 건 어때?"

나도 모르게 언성이 높아졌다.

"짜증 나는 소리 좀 그만해. 우리 친척 중에는 잘사는 사람이 없어. 나한테 돈을 줄 사람이 없다고."

"돈을 줄 사람이 주변에 없을지도 모르지. 하지만 분명한 건 네가 무슨 일이든 해 보지 않고서 너무 쉽게 포기한다는 거야. 항상 안 되는 쪽을 먼저 생각하잖아. 그럼 어떤 일도 잘될 수 없어."

모니카가 안타깝다는 듯 말했다. 귀가 번쩍 뜨였다. 머니도 비슷한 말을 했었다. 정말 그럴지도 모른다.

모니카는 그렇게 말할 만했다. 단점이 많은 모니카도 한 가지 장점이 있었는데, 절대로 포기하는 법이 없었다. 머리가 썩 좋지도 않고 특별한 재능도 없는데, 시험을 보면 아득바득 애를 써서 기어코 좋은 점수를 받았다.

쉬는 시간이 끝나 우리는 교실로 돌아갔다. 나는 부정

적인 생각부터 하는 버릇을 고쳐야겠다고 다짐했다.

마침내 수업이 끝났다. 집에 돌아오자마자 머니를 데리고 숲으로 뛰어갔다. 은신처에 도착하기가 무섭게 말을 쏟아 냈다.

"네가 말해 준 대로 했는데 화나는 일만 생겼어. 엄마가 소원 저금통을 보고 나를 비웃으시더라. 그런 식으로 돈을 모아 교환 학생으로 미국에 가려면 삼십 년도 넘게 걸린대."

머니가 말없이 나를 바라보다가 고개를 숙였다. 어쩐지 좀 슬퍼 보였다.

잠시 후 머니의 목소리가 조용히 들렸다.

"정말로 미국에 가고 싶니? 노트북도 갖고 싶고?"

"물론이야."

나는 아주 단호하게 대답했다. 그런 나 자신에게 놀랐다. 원하는 것을 이미 이룬 것처럼 상상하고 소원 노트와 소원 저금통을 만들면서 어느새 내가 미국 교환 학생 프로그램 참가와 노트북을 간절하게 원한다는 사실이 확실해졌다.

머니의 시선이 내 마음을 꿰뚫어 보는 것처럼 날카로웠다.

"좋아. 그게 가장 중요해. 원하는 걸 얻는 방법을 아는 것보다 네가 그걸 진심으로 원한다는 사실이 훨씬 더 중요해. 진심으로 원하지 않으면 어려움이 닥쳤을 때 포기하기 쉽거든."

머니가 옳았다. 엄마 때문에 포기하고 싶은 마음이 들지는 않았다. 오히려 원하는 걸 반드시 이루고 말겠다는 오기가 생겼다.

머니가 말을 이었다.

"이 일이 쉬울 거라고 말한 적은 없어."

"알아. 하지만 엄마가 그러실 줄은 몰랐는걸."

나는 속상한 얼굴로 대꾸했다.

"마음을 아프게 하는 일은 늘 예상하지 못할 때 생겨."

머니가 지혜로운 말로 나를 위로했다.

"그럼 이제 돈을 구할 방법을 찾아야겠네."

나는 한숨을 쉬었다.

"모니카랑 얘기해 봤는데 희망이 없어. 용돈을 줄 부자 친척이 있는 것도 아니고."

머니가 성이 난 듯 앞발로 바닥을 박박 긁었다.

"자꾸 안 되는 쪽으로만 생각하지 마. 일을 해서 돈을 벌 수도 있잖아."

부정적인 생각부터 하는 버릇을 고치기로 결심해 놓고 또 이런 말을 하다니! 나 자신에게 화가 났다. 하지만 겨우 열두 살짜리 여자아이가 무슨 수로 돈을 번단 말인가? 얼핏 좋은 생각이 떠올랐다.

"일주일에 한두 번 마당의 잔디를 깎는 건 어떨까? 분명 몇천 원은 받을 수 있을 거야."

머니의 반응은 시큰둥했다.

"잔디 깎는 일쯤은 당연히 해야지. 그걸로 부모님한

테 돈을 달라는 게 말이 되니? 부모님은 너한테 해 주는 게 아주 많은데도 돈을 내라고 하지 않으시던걸."

"그렇긴 하지. 그럼 대체 어떻게 돈을 벌라는 거야?"

나는 풀 죽은 목소리로 물었다.

"의외로 아주 쉬워. 이따가 대릴 이야기를 해 줄게. 아주 평범한 열일곱 살 남자아이가 어떻게 백만장자가 되었는지 알면 감탄이 절로 나올걸. 하지만 먼저 네가 알아 두어야 할 아주 중요한 사실이 있어. 그저 좋은 아이디어가 있다고 해서 돈을 벌 수 있는 건 아니야. 능력이 뛰어나다고 해도 마찬가지지. 돈을 벌 때 무엇보다 필요한 건 자신감이야."

"자신감?"

나는 머니의 말을 되뇌었다.

"그게 무슨 상관이 있는데?"

머니가 몸을 일으켜 의젓하게 앉았다. 무척 의미심장한 얘기를 하려는 모양이었다.

"자신감이 있다는 건 스스로를 믿는다는 뜻이야. 네가 충분히 해낼 수 있다고 확실하게 믿어야 해. 믿지 못한다면 시작할 엄두도 내지 못할 거야. 그럼 당연히 아무 일도 일어나지 않겠지."

머니는 이해하기 어려운 말을 했다.

그때 문득 시험이 있다는 것을 깜빡했던 날이 생각났다. 아침에 학교에 가니 같은 반 아이가 그날 시험이 있다고 알려 주었다. 나는 암기력이 좋은 편이다. 잠깐이라도 공부하면 시험을 아주 망치지는 않을 것 같았다. 그래서 운동장 벤치에 앉아 시험공부를 했다. 실제로 잠깐 공부한 것치고 좋은 점수를 받았다. 결과가 괜찮을 거라는 자신이 없었더라면 아예 시도조차 하지 않았을 것이다.

"맞아, 그게 바로 자신감이야."

머니의 의기양양한 목소리가 들려왔다. 나는 매번 머니가 내 생각을 읽을 수 있다는 사실을 잊어버렸다.

나는 생각에 잠긴 채 중얼거렸다.

"난 자신감이 별로 없는 것 같아."

머니가 고개를 끄덕였다.

"내가 보기에도 그래. 키라야, 자신감을 갖는 방법을 알고 싶니?"

"당연하지."

나는 얼른 대답했다.

"그럼 내가 방법을 알려 줄게. 빈 공책에 '성공 일기'를 써 보는 거야. 아무리 사소한 일이라도 괜찮으니 잘한 일을 다 적어. 매일 적어도 다섯 개는 채우는 게 좋아. 처음에는 어렵게 느껴질 거야. 네가 한 일이 성공인지 아닌지 아리송할 때도 있을 거고. 그럴 땐 성공이라고 여겨도 돼. 자신감이 부족한 것보다 넘치는 게 나으니까."

머니는 잠시 말을 멈추었다가 다시 이었다.

"지금 당장 시작하는 게 좋겠다. 그리고 저녁 식사 후에 마저 이야기하자. 대럴 이야기도 그때 해 줄게."

나는 백만장자가 되었다는 남자아이 이야기가 궁금해

서 애가 탔지만 조르지 않기로 했다.

'다 그럴 만한 이유가 있겠지.'

머니에 대한 내 믿음은 점점 더 커졌다. 머니는 어떤 상황에서든 중요한 게 뭔지 잘 판단하는 것 같았다.

집으로 돌아오자마자 방으로 가서 예전에 쓰던 과학 공책을 꺼냈다. 필기가 되어 있는 종이 몇 장을 뜯어낸 다음 공책 표지에 '성공 일기'라고 적었다.

공책을 펴고 오늘 날짜를 적은 후 막상 쓰려고 하니 떠오르는 일이 없었다.

'성공한 일이 뭐가 있지?'

한참 동안 공책을 내려다보기만 했다. 소원 저금통 두 개를 만든 일이 그나마 생각난 전부였다.

'하지만 소원이 이루어질 거라는 확신이 없는데 성공 일기에 적어도 될까?'

그때 머니가 했던 말이 기억났다.

"처음에는 네가 한 일이 성공인지 아닌지 아리송할

때가 있을 거야. 그럴 땐 성공이라고 여겨도 돼."

그래서 일단 생각나는 일들을 전부 적기 시작했다.

내가 적은 목록을 읽어 보니 매우 자랑스러웠다.

'나같이 성공 일기를 쓰는 아이들은 별로 없을 거야.'

내가 좀 이상한 아이처럼 느껴졌다. 나는 속으로 생각했다.

'특별한 사람은 약간 이상한 사람인지도 몰라.'

나는 저녁 식사 시간이 되기 전에 얼른 숙제를 끝마쳤다. 그리고 저녁을 먹은 후 바로 머니와 함께 숲으로 갔다. 여름이라 해가 길어 아직 환했다. 엄마는 내가 저녁에 숲에 가는 걸 별로 좋아하시지 않았다. 하지만 방해받지 않고 머니랑 대화를 나누려면 은신처에 갈 수밖에 없었다.

은신처에 도착하자마자 머니에게 성공 일기에 벌써 다섯 가지도 넘게 적었다고 자랑했다. 머니가 만족스럽게 고개를 끄덕거렸다.

1. 소원 저금통 두 개를 만들었다.
   정말로 소원이 이루어질지 잘 모르겠지만 아무것도 하지 않으면 내가 바라는 것을 절대 얻지 못할 것이다.

2. 저금통 한 개당 5000원씩 저금했다.

3. 소원 노트를 만들기 시작했다.

4. 오늘부터 성공 일기를 적기 시작했다.

5. 돈을 많이 벌기로 단단히 결심했다.

6. 절대로 포기하지 않겠다고 다짐했다.

7. 돈과 돈 버는 일에 대해서 많이 배웠다.

나는 더 기다릴 수가 없었다. 대럴 이야기를 해 달라고 머니를 재촉했다. 다행히 머니는 더 애태우지 않고 바로 이야기를 시작했다.

"내가 지금 들려주는 이야기는 대럴이 어떻게 자기가 부자가 되었는지 말해 줄 때 그 자리에 있다가 듣게 된 거야."

대럴이 여덟 살이었을 때 꼭 보고 싶은 영화가 있었대. 그런데 돈이 없어서 고민하다가 돈을 직접 벌기로 했어.

길에서 직접 만든 레모네이드를 팔려고 했지. 그런데 하필이면 칼바람이 부는 겨울날이었으니 레모네이드를 사는 사람이 있었겠니?
딱 두 사람에게 팔았는데, 그 두 사람은 바로 대럴의 부모님이었어.

그 무렵 대럴은 성공한 사업가와 대화할 기회가 생겼어. 대럴이 실패담을 털어놓았더니 사업가가 충고를 해 주었대.

하지만 여덟 살짜리 남자아이가 할 수 있는 건 많지 않았지.

"다른 사람들의 문제를 해결하려고 노력하렴.
자신이 아는 것과 할 수 있는 것 그리고 가진 것으로 돈을 벌 궁리를 해야 해."

대럴은 거리를 돌아다니며 사람들을 관찰했어. 사람들에게 필요한 것과 그중에서 자신이 해결해 줄 수 있는 것이 무엇인지 생각하면서 말이야.

도무지 적당한 아이디어가 떠오르지 않았어. 그러던 어느 날, 대럴이 아침을 먹으려고 하는데 아빠가 신문 좀 가져다 달라고 심부름을 시켰어. 미국에서는 신문 배달부가 이른 아침 앞마당 울타리 기둥에 신문을 꽂아 놓고 간대.

아침에 신문을 가지러 옷을 갈아입고 앞마당 울타리까지 갔다 오는 게 얼마나 번거롭겠어? 30미터도 채 안 되는 거리지만 꽤 귀찮은 일이지.

아빠한테 신문을 가져다 드리면서 돈을 벌 방법이 생각난 대럴은 그날 바로 동네를 한 바퀴 돌면서 한 달에 1000원만 내면 아침마다 신문을 현관문 안으로 넣어 주겠다고 이웃들에게 제안했어.

대럴의 제안을 반기는 사람들이 많았어. 칠십 명 넘게 신청했지. 한 달이 지나 난생처음 번 돈을 세는 대럴은 기분이 날아갈 것 같았어.

하지만 대럴은 거기에 만족하지 않았어. 돈을 벌 수 있는 기회를 계속 찾아봤지. 돈을 번 경험을 해서인지 금세 일거리를 발견했대. 매달 1000원을 내면 집 앞에 내놓은 쓰레기봉투를 마을 쓰레기장에 집어넣어 주겠다고 제안했어.

또 집을 오래 비우는 사람들의 반려동물을 돌보거나 화초에 물을 주는 일을 해 주기도 했지. 대럴은 일하는 비용을 절대 시간으로 계산해서 그때그때 받지 않았대. 매달 받는 게 돈을 훨씬 더 많이 벌 수 있었거든.

아이가 돈을 벌 수 있는 방법이 더 있을까?

대럴은 아홉 살이 되자 아빠 컴퓨터로 자신이 하는 일을 홍보하는 법도 배웠지. 그리고 아이가 돈을 벌 수 있는 다양한 방법을 기록하기 시작했어. 워낙 아이디어가 많았기 때문에 얼마 지나지 않아 꽤 많은 자료가 쌓였대.

그뿐이 아니야. 누가 언제 돈을 내야 하는지 정확하게 파악하기 위해 엄마한테 장부 정리하는 법도 배웠어.

아....

부탁하는 사람들이 계속 늘어나자 대럴은 일을 도와줄 다른 아이들을 고용했어. 그 아이들은 대럴이 받는 돈의 절반을 받았지. 그렇게 대럴은 돈을 아주 많이 벌었어.

그러던 어느 날 한 출판사에서 연락이 왔어.
대럴은 제안을 받아 『아이들이 돈을 버는
250가지 방법』이라는 책을 한 권 냈는데
그 책이 엄청나게 성공했어.
대럴은 열두 살에 베스트셀러 작가가
되었지.

덕분에 대럴은 여러 방송 프로그램에 출연하게 되었어.
반응이 아주 좋아서 열다섯 살에는 혼자 텔레비전 방송 프로그램을
진행할 정도로 유명해졌지.

대럴은 방송 출연료와 광고 수입으로 큰돈을 벌었고, 열일곱 살에 수백만
달러를 보유한 백만장자가 된 거야.

이야기를 마친 머니가 마지막에 질문을 덧붙였다.

"대럴이 성공하는 데 가장 크게 작용한 요인이 뭐라고 생각하니?"

대럴 이야기에 깊은 감명을 받은 나는 머니의 물음에 방송 출연이라고 대답하려다가 잠시 생각했다.

'하지만 책을 쓰지 않았더라면 방송에 출연하지 못했을 텐데. 그리고 책을 쓴 건 그전에 돈 버는 데 성공했기 때문이고······.'

머니 목소리가 들리는 바람에 생각은 여기서 멈췄다.

"가장 중요한 건 대럴이 자신이 아는 것과 할 수 있는 것 그리고 가진 것에 집중했다는 사실이야. 그래서 어린 나이인데도 어른들보다 돈을 더 많이 벌 수 있었지. 어른들은 보통 자신이 모르는 것과 할 수 없는 것 그리고 갖지 않은 것에 신경을 쓰거든."

나는 머니가 하고 싶은 말을 눈치챘다.

"그러니까 자신감이 중요하단 말이지? 그렇지만 여기

서도 그런 게 통할까? 미국에서는 애들이 돈을 버는 게 여기보다 훨씬 쉬울걸."

머니가 여러 번 크게 짖었다.

나는 화들짝 놀랐다. 평소에 머니가 짖는 일이 거의 없기 때문이다. 나는 우리가 위험에 빠진 줄 알고 겁이 덜컥 났다. 그래서 얼른 주위를 살폈지만 별다른 일은 없었다.

'아차, 내가 방금 한 말 때문이구나.'

할 수만 있다면 그 말을 도로 주워 담고 싶었다. 내가 할 수 없는 것, 갖고 있지 않은 것에 신경을 쓰다니! 정말 해서는 안 될 말이었다. 내가 미국에 살고 있지 않다는 건 엄연한 현실이다. 바꿀 수 없는 현실에 얽매이는 건 어리석은 짓이다. 여기에도 분명 돈을 벌 방법이 있을 것이다.

내 생각을 읽은 머니가 만족스럽게 중얼거렸다.

"잘 생각했어! 이제 간식 먹어도 되겠다."

얼른 주머니에서 간식 몇 개를 꺼내 머니에게 주었다. 머니는 정말 말 그대로 한입에 먹어 치웠다.

갑자기 용기가 샘솟았다.

'어떻게든 돈을 많이 벌 방법을 찾고 말 거야.'

나는 머니의 목덜미를 긁어 주었다. 머니는 무척 기분이 좋은지 마치 고양이처럼 가르랑 소리를 냈다. 잠시 후 우리는 집으로 돌아왔다.

4. 마르셀 오빠가 돈을 버는 방법

 머니와 대화를 나눈 후 머릿속이 복잡했다. 나는 침대에 누워 이런저런 생각에 잠겼다. 돈을 많이 벌 수 있는 방법을 반드시 찾고 싶었다.

 '그런데 어디에서 어떻게 찾지?'

 대럴이 한 일은 믿을 수 없을 만큼 대단했다. 아마도 아주 특별한 경우였을 것이다.

 '미국에서는 분명 여기보다 훨씬 수월했겠지. 게다가 대럴은 남자아이라 부모님이 못하게 하는 일이 별로 없

었을 거야. 나는 돈을 벌기엔 너무 어린지도 몰라…….'

불현듯 머니가 자신감에 대하여 했던 말이 생각났다.

'자신감이 있으면 어렵게 느껴지지 않을 텐데…….'

하마터면 또 안 되는 쪽으로 생각할 뻔했다. 나는 성공 일기를 쓰기로 마음먹었다. 두 가지 사실이 곧바로 머릿속에 떠올랐다.

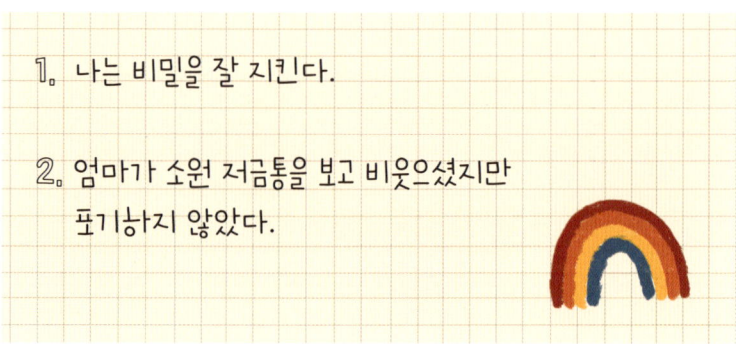

조금 더 생각해 보니 적을 수 있는 것이 네 가지나 더 있었다.

성공 일기를 적는 동안 주위에 대럴처럼 돈을 번 아이가 있는지 생각해 보았다. 그런 아이랑 얘기하면 확실히 도움이 될 것이다.

갑자기 마르셀 오빠가 떠올랐다. 마르셀 오빠는 나보다 고작 열 달 먼저 태어났지만 한 학년 위라 오빠라고 부른다. 우리는 기껏해야 일 년에 한두 번 보는 사이이다. 내가 아는 한 마르셀 오빠는 돈이 부족한 적이 한 번도 없었다. 성격이 진짜 못돼서 나랑은 별로 친하지 않지만 어쩌면 도움이 될지도 모른다. 꽤 늦은 시각이라 잠깐 망설이다가 마르셀 오빠에게 전화를 했다. 다행히 오빠는 아직 깨어 있었다. 나는 오빠가 전화를 받기 무섭게 용건을 털어놓았다.

"안녕, 오빠. 나 키라야. 할 말이 있어서 전화했어. 정말 중요한 일이야. 내년에 교환 학생으로 미국에 갈 생각이라 돈이 많이 필요해. 그런데 부모님 도움을 받을 수 없어. 내 힘으로 돈을 벌어야 해."

마르셀 오빠가 큰 소리로 웃었다.

"어려울 것 없어. 하지만 정말 놀랐는걸. 네가 인형 놀이나 하는 멍청한 여자애라고 생각했거든. 그래서 너랑은 얘기할 마음도 없었고. 그런데 이렇게 제대로 된 질문을 하다니, 진짜 뜻밖이다."

마음 같아선 당장이라도 전화를 끊고 싶었다. 얼굴은 개구리처럼 생겼으면서 잘난 척하는 꼴이라니! 나는 억지로 마음을 가라앉혔다.

"오빠는 여전히 못됐구나. 그래도 어떻게 항상 돈이 많은지 비결 좀 알려 줘."

마르셀 오빠가 약 올리는 말투로 대꾸했다.

"바로 전화 끊고 울 줄 알았더니 제법이네. 생각했던 것처럼 물러 터진 건 아닌가 보다. 흠……. 사실 돈 버는 건 그다지 어렵지 않아."

오빠는 내가 눈물이 터지기 직전인데 꾹 참고 있다는 걸 짐작도 하지 못했을 것이다. 나는 오빠가 알아채지 못하게 목소리를 가다듬고 물었다.

"어렵지 않다고?"

오빠가 쿡쿡거리며 웃었다.

"돈 벌 방법은 어디서나 찾을 수 있어. 잘 살펴보기만 하면 돼."

대럴 이야기를 들었을 때랑 비슷한 말이었다. 하지만 나는 그 말이 선뜻 믿기지 않았다.

"돈 벌고 싶어 하는 친구들이 얼마나 많은데! 하지만 다들 방법을 못 찾겠다고 하던걸."

"제대로 살펴보지 않았겠지. 인형 놀이 하느라 바빴을 거야."

오빠가 또 나를 놀렸다. 슬슬 화가 치밀어 올랐다.

'한 번만 더 인형 얘기를 꺼내기만 해 봐······.'

오빠의 말이 이어졌다.

"키라야, 정말 진지하게 일거리를 찾아본 적 있어? 오후 시간 내내 다른 생각은 아무것도 안 하고 오로지 돈을 벌 방법만 고민해 본 적 있냐고."

오빠의 질문에 아니라고 대답할 수밖에 없었다.

돈 벌 방법을 고민한 시간이 몇 시간은커녕 단 한 시간도 되지 않는다는 걸 솔직하게 인정해야만 했다. 이제까지 늘 잠깐 생각하다가 어차피 안 될 거라는 결론을 내렸기 때문이다.

"그것 봐. 그래서 하나도 못 찾은 거야. 열심히 찾지 않으면 아무것도 찾을 수 없어. 아주 운이 좋다면 몰라도. 어떻게 돈을 버는지 알려 달라고 했지? 난 사업을 해."

"오빠는 나랑 똑같이 이제 겨우 열두 살인데?"

놀라서 나도 모르게 목소리가 커졌다.

"어쨌든 사업을 한다니까. 빵을 배달해 주는 일인데 이용하는 사람이 벌써 열네 명이야."

"굉장한 사업이네."

이번엔 내가 놀릴 차례였다.

"사업이 아니라 신문 배달이나 마찬가지잖아. 신문 대신에 빵을 배달한다는 것만 다르지."

마르셀 오빠가 못마땅한 목소리로 대꾸했다.

"이런 닭대가리! 네가 생각하는 거랑 완전히 달라. 나는 일요일에만 빵을 배달해. 사람들은 보통 쉬는 날에 빵 사러 가는 걸 싫어해. 그래서 내가 빵을 사서 집까지 배달하는 거지. 우리 동네 빵집 사장님이 나한테 이 일을 해 보라고 권해 주셨어. 일요일에는 빵값이 평일보다 500원 비싸. 하지만 사장님 덕분에 평일 가격으로 사서 주문한 사람들에게 갖다주지. 따라서 빵 한 개당 이익이 500원이야. 사람들이 보통 다섯 개 이상 주문하고 배달 비용으로 최소 2000원을 받으니까 매주 일요일 두세 시간 일해서 생기는 수입이 한 달에 25만 원이 넘는 셈이지."

감탄사가 절로 나왔다.

"우아, 25만 원이 넘는다고? 대단하다."

"그게 전부가 아니야."

마르셀 오빠는 신이 나서 계속 말했다.

"일주일에 삼 일은 오후에 양로원에서 일해."

"어디서 일한다고?"

두 귀로 똑똑히 듣고도 믿을 수 없었다.

"양로원. 양로원에 계시는 할머니, 할아버지 대신 장도 봐 드리고 할머니, 할아버지랑 산책하기도 해. 말벗이 되어 드리거나 같이 카드 게임을 하는 날도 많아. 시간당 5000원이라 수입이 매주 3~4만 원 정도 돼. 한 달에 보통 15만 원 정도 벌어."

나는 마르셀 오빠가 정말 부러웠다.

"합치면 한 달에 40만 원도 넘네. 진짜 굉장하다. 하지

빵 한 개당 이익 500원 X 5개

빵 배달 = 한 달 약 25만 원

양로원 = 한 달 보통 15만 원

한 달 총합 = 40만 원 이상

만 우리 집 근처에는 양로원이 없는데 어떡하지…….”

"아무나 나처럼 할 수 있는 줄 알아?"

오빠가 나를 약 올리더니 진지하게 말했다.

"할 수 없는 일에 신경 쓰지 말고 할 수 있는 일을 찾아야 해."

머니가 대럴 이야기를 하면서 했던 충고와 비슷한 말이었다. 대럴이 아는 것과 할 수 있는 것 그리고 가진 것에 집중했다는 사실이 생각났다. 그런데 나는 우리 동네에 양로원이 없다고 걱정했다니, 어리석은 행동이었다. 머니도 그러지 말라고 계속 지적했던 일이다.

오빠가 다시 말을 꺼냈다.

"제일 좋은 방법은 네가 좋아하는 일이 뭔지 확실하게 파악하는 거야. 그다음에 그 일로 돈을 벌 방법을 고민하는 거지. 나도 그렇게 빵 배달을 시작했어. 자전거 타는 걸 아주 좋아하는데, 그 일로 돈을 벌잖아. 얼마나 기분이 좋은지 몰라. 진짜 최고야. 참, 깜빡할 뻔했다. 난

요즘 매일 집집마다 찾아다니면서 혹시 빵 배달이 필요하지 않은지 물어봐. 오십 명이 목표거든. 목표를 달성하면 빵 배달로 90만 원 이상 벌 수 있어."

나는 진심으로 감탄했다. 하지만 내 상황을 생각하니 답답해서 한숨이 나왔다.

"내가 할 수 있는 일이 뭔지 아무리 생각해도 떠오르는 게 없어."

"네가 좋아하는 게 뭔데?"

오빠가 물었다.

"수영하는 것도 좋아하고 또 인……."

하마터면 인형 놀이도 좋아한다고 말할 뻔했다. 나는 얼른 다른 말을 덧붙였다.

"개랑 뛰어노는 것도 좋아해."

오빠가 반색을 했다.

"잘됐다! 그걸로 돈을 벌 수 있을 것 같은데?"

"개랑 놀면서 돈을 번다고?"

오빠의 말이 잘 이해되지 않았다. 되묻자마자 핀잔이 날아왔다.

"이런 닭대가리! 매일 개를 데리고 산책해야 하잖아."

"머니랑 산책하는 건 의무가 아니야. 내가 좋아서 하는 일이지. 그리고 다시는 나한테 닭대가리라고 하지 마!"

나는 강하게 쏘아붙였다.

"어쨌든! 머니랑 산책 갈 때 다른 개도 데리고 갈 수 있지 않을까? 대신 산책시켜 주고 돈을 받으면 되지."

"정말 좋은 생각이야. 오빠는 개구리처럼 생겼지만 진짜 똑똑한 것 같아."

나는 얼른 고맙다고 말하고 전화를 끊었다.

당장 계획을 세워야 했다. 나는 우리 동네 개들을 거의 다 알고 있었다. 그리고 그 개들을 대체로 아주 좋아했다.

'그 녀석들을 데리고 산책하면서 돈을 벌 수 있을지도 모른다니…….'

여러 가지 생각이 들었다. 얼마 전까지만 해도 나는 친척들이 모두 가난하다고 생각했다. 하지만 돈에 관심을 가지면서 생각이 바뀌었다. 그렇지 않았다면 마르셀 오빠가 돈을 버는 걸 알지 못했을 것이다. 관심사에 따라 보이는 것이 달라진다는 걸 알고 무척 감동받았다.

계속 돈 버는 일에 집중하면 앞으로 어떤 일이 생길지 누가 알겠는가? 자꾸만 대럴 이야기가 생각났다.

그러다가 나도 모르게 잠이 들었다.

다음 날 학교에서도 온통 개 산책 아르바이트를 구할 계획뿐이었다.

우리 동네에 나폴레옹이라는 개가 있는데 셰퍼드종이다. 나폴레옹의 주인은 꼭 늑대 인간처럼 험상궂게 생기신 할아버지다. 할아버지가 가벼운 뇌졸중을 겪으신 후로 할머니가 개 산책을 떠맡으셨는데, 얼핏 보아도 마지못해 하시는 기색이 역력했다. 나폴레옹도 할머니 말을 고분고분 따르지 않고 할머니가 잠시라도 방심하면 도망쳤다. 할머니는 개를 잘 다룰 줄 모르시는 것 같았다.

나폴레옹의 할머니, 할아버지랑 얘기해 보기로 결심했다. 두 분은 알지 못했지만 나폴레옹이 어디 사는지는 알고 있었다.

나는 하굣길에 나폴레옹이 사는 집으로 갔다. 막상 대문 앞에 이르자 용기가 사라졌다.

'뭐라고 말을 꺼내지? 개 산책 비용은 얼마라고 해야 할까? 돈을 받아도 되는 걸까?'

아무래도 그냥 돌아가야겠다고 생각했다. 막 발길을

돌리려는 순간 마당에서 졸고 있던 나폴레옹이 나를 발견하고 대문으로 달려왔다.

나폴레옹은 사람을 보면 컹컹 짖는 버릇이 있다. 누가 왔는지 보려고 창문을 연 할아버지가 나에게 용건을 물으셨다. 드디어 기회가 왔다.

'지금 아니면 영영 기회가 없을 거야.'

나는 가까스로 용기를 내서 재빨리 할 말을 했다.

"제가 미국에서 열리는 교환 학생 프로그램에 참가하고 싶은데요. 그러려면 돈이 필요해서 제가 직접 벌어 보려고요. 할머니가 나폴레옹 데리고 산책하시는 걸 봤는데, 좀 힘들어하시는 것 같았어요. 혹시 제가 매일 나폴레옹을 데리고 산책하면 어떨까요?"

할아버지를 똑바로 쳐다볼 엄두가 나지 않았다. 얼굴이 화끈거렸다.

할아버지가 친절한 목소리로 대답하셨다.

"아주 좋은 생각이로구나. 거기 서 있지 말고 안으로

들어오렴. 차분하게 이야기해 보자."

할머니가 현관문을 열어 주셨다. 우리는 식탁에 자리를 잡고 앉았다. 할아버지의 무서운 얼굴을 마주할 용기가 나지 않았다.

다행히 할머니가 먼저 말을 시작하셨다.

"그렇지 않아도 하루에 세 번씩 나폴레옹과 산책하려니 여간 힘들지 않더구나. 다른 개가 눈에 띄기라도 하면 마구 달려가는 바람에 나폴레옹을 가끔 놓치기도 한단다. 그래도 할 수 있겠니?"

나는 조심스럽게 대답했다.

"머니가 있으면 나폴레옹도 괜찮을 거예요. 머니랑 산책할 때 시험 삼아 한번 같이 데려가 볼까요?"

할아버지가 대화에 끼어드셨다.

"네가 개를 데리고 산책하는 걸 본 적이 있단다. 너처럼 개를 잘 다루는 애는 없을 거라고 감탄했지."

할아버지는 할머니를 돌아보며 덧붙이셨다.

"여보, 이 아이라면 안심해도 돼. 개를 다루는 데 재능이 있어. 개랑 말하는 건 아닌가 싶을 정도라니까."

하마터면 나도 모르게 웃음을 터뜨릴 뻔했다. 할아버지가 머니의 비밀을 모르시는 게 천만다행이었다. 나는 두 분이 의논하시는 동안 조심스럽게 할아버지를 살펴보았다. 가까이에서 보니 전혀 무섭지 않았다. 많은 일을 겪으신 것 같은 비밀스러운 분위기를 풍겼을 뿐이다. 할아버지는 인자하고 현명한 분 같았다.

할아버지가 나에게 말씀하셨다.

"참, 그러고 보니 우리 소개도 안 했구나. 할머니는 엘라, 나는 발데마르란다. 성은 하넨캄프고."

"제 이름은 키라 클라우스 뮐러예요."

"알게 되어 반갑구나, 꼬마 아가씨."

하넨캄프 할아버지가 점잖게 고개를 끄덕이셨다.

"그럼 매일 오후에 나폴레옹을 데리고 산책하고 나폴레옹의 털을 빗질하는 일을 부탁해도 될까? 가능하다면 말을 듣는 훈련도 시켜 주면 좋겠다."

할아버지는 잠깐 말을 멈추고 물어보셨다.

"비용은 얼마면 되겠니?"

나는 당황스러워 얼굴이 빨개졌다. 그건 미처 생각하

지 못했기 때문이다.

두 분은 대답을 기다리는 눈빛으로 나를 보셨다.

'얼마라고 말하는 게 좋을까?'

나는 머뭇거리다가 작은 목소리로 대답했다.

"잘 모르겠어요."

할아버지가 빙그레 웃으며 물어보셨다.

"그럼 내가 먼저 제안해도 될까? 하루에 2000원이면 어떠니?"

나는 머릿속으로 계산해 보았다. 하루에 2000원이면 한 달에 6만 원이다. 무려 내 용돈의 세 배나 되는 금액이다.

'우아, 그렇게 많이!'

두 분은 내가 아무런 대꾸도 하지 않자 실망했다고 오해했는지 얼른 덧붙이셨다.

"나폴레옹이 말을 잘 듣는 법을 한 가지씩 배울 때마다 만 원씩 더 주마."

이번엔 대답을 망설이지 않았다.

"감사합니다! 정말 친절하시네요. 하루라도 빨리 시작하고 싶어요."

할아버지와 할머니가 흐뭇한 미소를 지으셨다.

"너만 괜찮다면 당장 오늘 오후부터 시작하렴."

할머니가 부탁하셨다. 나는 흔쾌히 그러겠다고 대답한 후 서둘러 그 집을 나왔다. 엄마가 점심을 준비해 놓고 나를 기다리고 계실 터였다.

나는 날아갈 것 같은 기분으로 집을 향해 달렸다.

'돈 버는 게 이렇게 쉬울 줄이야!'

절로 어깨가 으쓱했다. 나는 함박웃음을 지은 채 콧노래를 흥얼거렸다.

집에 도착하자마자 머니를 다정하게 쓰다듬으면서 앞으로 돈을 많이 벌게 될 거라고 속삭였다. 머니가 축하의 의미로 내 손에 앞발을 올려놓았다. 얼마나 기뻐하는지 알 수 있었다.

점심을 다 먹고 나서 바로 마르셀 오빠에게 전화를 걸어 내 첫 번째 일거리를 얘기했다.

"그것 봐, 키라야. 어렵지 않잖아."

오빠의 짤막한 대꾸에 약간 서운한 마음이 들었다.

대단하다고 잔뜩 칭찬할 줄 알았기 때문이다. 하지만 오빠가 나를 '닭대가리'라고 부르지 않은 것은 나름대로 나를 인정했다는 의미라고 생각하기로 했다.

오빠의 말이 이어졌다.

"네가 명심할 게 두 가지 있어. 첫 번째는 절대로 일거리 하나만 믿고 있어서는 안 된다는 거야. 예상보다 빨리 그 일을 못 하게 될 수도 있거든. 그러니까 다른 일도 계속 알아봐야 해."

이제 막 시작했는데 걱정이 지나친 것 같았다. 하지만 충고대로 해야겠다고 생각했다.

"두 번째는 일을 하다 보면 분명히 예상하지 못한 어려운 문제가 생긴다는 거야. 힘든 상황이 닥칠 때 어떻게 행동하느냐에 따라 네가 닭대가리에 울보인지 아니면 나처럼 돈을 벌 자격이 있는 사람인지 알 수 있어. 모든 게 잘 굴러갈 때야 누구든 돈을 벌 수 있어. 하지만 어려움이 닥쳤을 때 제대로 대처하는 게 중요해."

두 번째 충고는 별로 와닿지 않았다. 그래도 고맙다고 말한 다음 전화를 끊고 머니와 함께 나폴레옹을 데리러 갔다. 짐작대로 나폴레옹은 머니와 같이 뛰어놀 수 있어서 무척 좋아했다. 두 녀석은 녹초가 될 때까지 내가 멀리 던진 공을 물고 돌아왔다.

하지만 우리가 다른 개들 옆을 지나갈 때면 나폴레옹은 절대로 가만히 있지 않았다. 나는 나폴레옹에게 무엇보다 먼저 명령에 따라 동작을 멈추고 엎드리는 법을 가르치기로 마음먹었다. 그래야만 다른 개와 마주칠 때 얌전하게 자리를 지킬 터였다.

집에 돌아오니 에르나 이모가 놀러 와 있었다. 이모네 집은 우리 집에서 별로 멀지 않은데도 오랜만에 이모를 보았다. 머니가 함께 살게 된 이후로 이모가 우리 집에 온 것은 처음이었다.

서로 인사를 나누는데 이모의 눈길이 머니를 향했다. 엄마는 이모에게 머니를 우연히 발견하고 주인을 찾으려 애썼지만 찾지 못했다고 말하셨다. 이모는 머니를 찬찬히 살펴보더니 이마를 찌푸렸다. 마음에 걸리는 일이 있는 것처럼 보였다.

"머니가 여기가 온 지 얼마나 됐어?"

이모는 머니에게 눈을 떼지 않은 채 물었다.

"아홉 달쯤 됐어."

엄마가 대답하셨다. 이모는 심각한 표정으로 말했다.

"반갑지 않은 소식이겠지만 이 개 주인이 누군지 알 것 같아."

"제가 주인이에요."

내가 재빨리 대꾸했다.

"아니야. 우리 집 근처에 사는 신사 분이 주인인 것 같구나."

이모가 단호하게 말했다. 나는 덜컥 겁이 났다.

"하지만 지금은 우리 개예요! 우리랑 같이 산 지 오래됐단 말이에요!"

나는 큰 소리로 주장했다.

"이모한테 소리를 지르다니, 왜 이렇게 버릇이 없니?"

엄마가 엄한 얼굴로 꾸짖으셨다.

머리가 지끈거리고 속이 메스꺼웠다. 금방이라도 토할 것 같았다. 아빠의 목소리가 멀리서 들려오는 것처럼 귓가에 울렸다.

"그럼 내일 당장 머니를 데리고 그분한테 가서 확인을 해야겠네."

더 이상 듣고 싶지 않았다. 나는 거실을 뛰쳐나왔다. 머니가 내 뒤를 따라왔다. 방에 들어가 문을 쾅 닫고 침대에 몸을 던졌다. 그저 머리가 멍할 뿐이었다.

한 가지는 분명했다. 절대로 머니를 보내지 않을 것이다. 머니와 나는 결코 헤어질 수 없는 사이가 되었다. 머니를 보내느니 차라리 함께 멀리 도망이라도 치고 싶었다.

머니가 내 다리에 머리를 기댄 채 나를 바라보았다.

나는 머니 목소리를 듣지 않고도 머니가 하고 싶은 말을 알아차렸다. 눈빛으로 전부 말하고 있었다. 머니도 나랑 헤어질 생각이 전혀 없다고 말이다.

5. 머니의 과거

　다음 날 나는 학교에 가기 싫었다. 집에 돌아오면 머니가 없을까 봐 두려웠다. 내 걱정을 알아챈 아빠는 이모네 집에 갈 때 꼭 나와 함께 갈 거라고 약속하셨다.
　모니카는 말수가 줄어든 나에게 적응했는지 말을 걸지 않았다. 하지만 내가 말하지 않고는 참을 수 없어 3교시가 끝났을 때 모니카에게 이모가 전한 나쁜 소식을 털어놓았다. 모니카는 자기 일처럼 안타까워했다.
　"머니를 숨길 데가 필요하면 우리 집에 데려와도 돼."

그 말을 듣자 마음이 놓였다. 분명히 머니와 헤어지지 않을 방법을 찾을 수 있을 것이다.

막상 이모네 집으로 가려고 집을 나서자 신경이 바짝 곤두섰다. 이모네 집에 도착한 우리는 이모와 함께 근사한 공원 부지에 자리 잡은 커다란 고급 주택으로 향했다. 입구를 지키는 수위 아저씨가 정문을 열어 주셨다. 우리는 천천히 차를 몰아 안으로 들어갔다.

"누군지 몰라도 돈이 아주 많은 사람인 건 분명한걸."

아빠가 놀란 얼굴로 말하시자 이모가 설명했다.

"골트슈테른 씨는 주식으로 엄청난 돈을 벌었대요. 얼마 전에 사고를 당했다고 들었는데, 병원에서 퇴원했나 모르겠네요."

나는 머니를 안은 채 모든 게 눈앞에서 사라져 버렸으면 좋겠다고 생각했다. 수위 아저씨가 미리 알리셨는지 하얀 앞치마를 두른 아주머니가 현관문을 열어 주셨다. 우리가 찾아온 이유를 말하자 아주머니는 곧장 우리를 골트슈테른 씨에게 안내해 주셨다.

　골트슈테른 아저씨는 키가 크지 않았고, 인상이 매우 좋았다. 아저씨를 미워할 작정이었는데 막상 만나 보니 도저히 싫어할 수 없는 분이었다. 게다가 아주 똑똑했다. 아저씨는 보자마자 내가 머니와 얼마나 가까운 사이인지 알아채셨다.

　"이 녀석을 뭐라고 불렀니?"

　아저씨가 상냥한 목소리로 물어보셨다. 나는 대답할 수가 없었다. 그제서야 머니에게 원래 다른 이름이 있었다는 걸 깨달았기 때문이다.

　"'머니'라고 불렀습니다."

　아빠가 대신 대답하셨다.

　"머니라……. 좋군요. 아주 좋은 이름이네요."

　아저씨가 웃으며 말씀하셨다.

　"제가 지어 준 이름보다 훨씬 더 마음에 드네요. 앞으로 저도 '머니'라고 부르는 게 좋겠습니다."

아저씨의 반응은 뜻밖이었다. 좀 놀랐지만 진심으로 말하신 것 같아 마음이 놓였다. 머니를 다른 이름으로 부르는 건 싫기 때문이다.

우리는 아저씨와 함께 거실로 갔다. 아저씨는 사고

가 났던 날 이야기를 해 주셨다. 머니를 태운 채 차를 몰고 가다가 우리 동네로부터 몇 킬로미터 떨어진 곳에서 사고를 당했다고 하셨다. 아주 심하게 다쳤고, 의식을 잃었다가 깨어나 보니 병원이었다고도 하셨다.

사고 이후로 머니를 한 번도 보지 못했다면서 병원에 입원해 있는 동안 머니의 행방을 수소문했지만 아는 사람이 아무도 없었다고 덧붙이셨다.

"머니는 틀림없이 집으로 돌아가는 중이었을 거예요. 그러다가 다른 개에게 물렸고 다친 몸으로 저희 집 마당에 쓰러진 것 같아요."

나는 머니를 발견했을 때의 상황을 설명했다. 그리고 물에 빠져 죽을 뻔했던 일도 얘기했다. 물론 머니가 말할 줄 안다는 사실은 비밀로 했다. 아저씨는 믿어도 될 것 같았지만 그래도 혹시 모르는 일이니까…….

아저씨가 의자에서 일어나 나에게 다가오셨다. 그제야 아저씨가 거동이 매우 불편한 상태라는 걸 알아차렸다. 아마도 사고 후유증인 것 같았다. 아저씨는 내 손을 꼭 잡고 고마워하는 눈길로 바라보셨다.

"이 녀석을 발견한 게 너라서 정말 다행이다. 너희 집에서 얼마나 잘 지내고 있는지 알고 나니 가슴에 얹힌

무거운 돌을 내려놓은 것 같구나."

나는 당황스러워 빨개진 얼굴로 더듬거리며 말했다.

"저, 전 머니를 아주 좋아해요."

아저씨가 미소 지으며 대꾸하셨다.

"내가 보기에도 그렇구나. 그래서 무척 기쁘단다. 난 앞으로도 한참 동안 여러 가지 치료를 받아야 하거든. 조만간 재활 치료 때문에 병원에 입원도 해야 하고. 그래서 말인데, 당분간 머니를 계속 맡아 줄 수 있겠니? 그럼 한결 마음이 놓일 것 같은데. 물론 비용은 모두 내가 부담하마."

머니와 함께 있을 수 있다는 말에 너무 좋아서 가슴이 두근거렸다. 한편 또다시 머니와 헤어질 아저씨를 생각하니 안타까운 마음이 들기도 했다.

"아저씨도 머니가 많이 보고 싶으셨죠?"

아저씨가 한숨을 쉬며 대답하셨다.

"당연하지. 그래서 부탁이 하나 있는데, 일주일에 한 번 정도 머니를 데리고 문병을 와 주겠니? 병원에 오가는 건 운전기사에게 부탁하마."

"좋아요."

나는 얼른 대답했다. 꼭 그렇게 해 드리고 싶었다. 보면 볼수록 아저씨가 마음에 들었다.

아저씨는 아빠를 향해 고개를 돌리고 물으셨다.

"머니를 계속 부탁드려도 되겠습니까? 그리고 일주일에 한 번 키라가 머니를 데리고 문병을 와도 괜찮을까요? 당연히 모든 비용은 제가 부담하겠습니다. 이제까지 머니를 돌보시는 데 들어간 비용은 물론이고, 앞으로 지출되는 것까지요."

아빠는 그렇게까지 하실 필요는 없다며 사양했지만 골트슈테른 아저씨는 자신의 뜻을 굽히시지 않았다. 나는 아저씨의 단호한 태도에 감탄했다. 어쩐지 일주일에 한 번 아저씨를 방문하는 일이 무척 흥미로울 것 같아 설레었다. 아저씨는 내가 알고 있는 사람들과 완전히 달랐다.

잠깐 대화가 멈췄고, 아저씨는 무척 피곤해 보였다. 짐작보다 아저씨의 건강 상태가 좋지 않은 것 같았다.

이제 그만 집에 가자는 이모의 말에 우리는 자리에서

일어섰다. 머니는 아저씨의 다리에 조심스럽게 머리를 기댔다. 아저씨가 몸이 약해져 있다는 걸 아는 것 같았다. 아저씨가 벨을 누르자 바로 아주머니가 오셨다. 골트슈테른 아저씨에게 작별 인사를 건네고 아저씨 집을

나선 우리는 이모를 데려다준 뒤 집으로 돌아왔다.

아빠가 엄마에게 아저씨네 집에서 있었던 일을 얘기하시는 사이에 나는 머니와 함께 숲으로 갔다. 머니에게 물어볼 것이 정말 많았다.

은신처에 다다르자 덤불 입구에 있는 나뭇가지를 젖히고 안으로 기어 들어갔다.

자리에 앉자마자 머니의 목소리가 들렸다.

"네가 골트슈테른 씨랑 말이 잘 통해서 다행이야. 그분은 정말 훌륭한 분이야. 나도 많은 걸 배웠어."

머니도 배울 게 있었다니 놀랐다. 하지만 생각해 보니 당연했다. 태어날 때부터 똑똑하진 않았을 테니까.

나는 가장 궁금한 것부터 물었다.

"왜 골트슈테른 아저씨 얘기를 한 번도 안 했니?"

"우리는 돈에 대해서만 얘기하기로 했잖아."

머니가 무뚝뚝하게 말했다. 뜻밖의 대답이었다.

"그렇지만 아저씨가 무척 보고 싶었을 텐데 어떻게

한마디도 안 꺼냈어?"

머니의 목소리가 조금 가라앉았다.

"사고 때문에 아저씨가 돌아가신 줄 알았어. 온몸이 피투성이가 된 채로 미동도 없이 누워 계셨거든. 나도 완전히 멍한 상태였어. 덤불 아래로 기어 들어갔는데 거기서 의식을 잃었나 봐. 한참이 지났는지 깨어나 보니 아저씨도 없고 차도 안 보이더라. 아저씨를 다시는 못 볼 줄 알았어."

머니가 왜 아저씨 얘기를 한 번도 하지 않았는지 이해가 갔다. 머니의 말이 이어졌다.

"이제 다른 건 모두 제쳐 놓고 다시 돈에 대해서만 얘기하자. 궁금한 게 있으면 다음에 아저씨를 만나러 가서 여쭤봐."

나는 사실 다른 얘기를 하고 싶었다. 중요한 일이 이렇게 많이 일어났는데 왜 돈 얘기만 해야 하는 걸까? 그리고 이번 기회에 머니가 어떻게 말할 수 있는지 캐물을 작정이었다.

하지만 머니는 단호했다.

"부모님이 돈 때문에 힘들어하셔서 돕고 싶다고 했지? 그전에 먼저 약속했던 걸 확인할게. 소원 노트는 만들었니?"

얼굴이 화끈 달아올랐다.

"시작은 했어. 그런데 노트북이랑 미국 사진을 아직 못 구했어. 소원 저금통에도 붙이려고 했는데 완전히 잊고 있었어."

머니는 비난이 섞인 눈초리로 꾸짖듯이 물었다.

"소원을 생생하게 그리는 일은 했니? 성공 일기는 썼고? 어제는 뭘 적었는데?"

나는 작게 중얼거렸다.

"어제는 다른 일로 걱정이 태산이었는걸. 너랑 헤어지는 줄 알고 겁이 났단 말이야. 거기에만 온통 신경을 쓰다 보니……."

머니가 대꾸했다.

"이해해. 하지만 그게 바로 부자가 되지 못하는 사람들이 저지르는 잘못이야. 항상 급한 일이 있다면서 정작 중요한 일을 미루는 거지."

"너랑 헤어지는 일만큼 중요한 건 없었어."

나름 항의해 보았지만 머니는 아랑곳하지 않았다.

"그건 이해한다고 말했잖아. 하지만 이모가 오시기 전에는? 그땐 시간이 있었는데 왜 안 했니?"

"그땐 나폴레옹을 산책시키면 돈을 많이 벌 수 있겠다는 생각에 좋아서 딴생각을 못 했지."

머니가 진지한 표정으로 나를 보았다.

"아주 중요한 세 가지를 알려 줄게. 첫 번째로 네가 마음먹은 건 어떤 문제가 생기더라도 반드시 실천해야 돼. 모든 게 순조로울 땐 누구라도 계획대로 할 수 있어. 중요한 건 어려운 고비가 닥쳤을 때 하는 행동이지. 그런 상황에서도 처음 마음먹은 대로 해내는 사람은 아주 적어. 하지만 그런 사람만이 큰돈을 버는 법이야. 엄청난 부자가 된 사람들은 힘든 시기에 가장 큰 성공을 거두었어."

머니의 말을 곰곰이 되새겼다. 분명히 언젠가 들어 본 말이었다.

'누가 그렇게 말했더라? 맞다! 마르셀 오빠였지.'

오빠가 해 준 두 번째 충고였다. 그때는 무슨 뜻인지 와닿지 않던 이야기였다. 마르셀 오빠는 이렇게 말했다.

"모든 게 잘 굴러갈 때야 누구든 돈을 벌 수 있어. 하지만 어려움이 닥쳤을 때 제대로 대처하는 게 중요해."

내가 아직도 배울 게 많다는 걸 실감했다. 머니가 고개를 끄덕였다.

"문제는 항상 생기기 마련이야. 그래도 미래를 위해 중요한 일은 하루도 거르면 안 돼. 기껏해야 10분이면 되잖아. 그 10분이 네 미래를 결정해. 사람들은 대부분 그 10분을 투자하지 않기 때문에 아무것도 달라지지 않는 삶을 사는 거야. 자신을 둘러싼 상황이 바뀌기를 원할 뿐, 무엇보다 먼저 스스로 바뀌어야 한다는 사실은 모르지."

머니는 잠시 말을 멈추었다가 다시 계속했다.

"스스로 변화하기 위해서는 매일 10분을 투자해야 해. 제일 좋은 건 이제부터 성공 일기를 쓰고 소원을 이룬 모습을 상상하는 거야. 무슨 일이 있든 하루도 빼먹지 않고 반드시 하기로 굳게 맹세하고 꼭 지켜야 해."

나는 오른손을 들고 맹세했다. 매일 성공 일기를 적고 소원을 이룬 미래를 상상하기로 다짐했다. 반드시 지키고야 말겠다고 나 자신에게 하는 약속이었다.

"두 번째로 아주 좋은 일이 생겼을 때도 해야 할 일을 잊지 말아야 해."

나는 의아했다. 무슨 뜻인지 알 수 없었다.

"나폴레옹 산책시키는 일이 생겼을 때를 생각해 봐. 너무 좋아서 해야 할 일을 깜빡했잖아. 정신을 빼앗기는 일이 세상에 얼마나 많은데! 그러니까 앞으로는 할 일을 규칙적으로 할 수 있도록 매일 시간을 정해 놓는 게 좋겠어."

나는 곰곰이 생각해 보았다.

'저녁에는 아마도 무척 피곤할 거야. 낮에는 항상 뭔가 일이 있고. 그럼 아침밖에 시간이 없어. 지금보다 일찍 일어나야 하는데…….'

머니는 또 내 생각을 읽었다.

"겨우 10분이라고 했잖아."

겨우 10분이지만 잠을 줄이는 게 결코 쉽지 않을 거라고 생각했다. 하지만 머니의 제안을 받아들였다. 10분 일찍 일어나 얼른 씻고 정신을 차린 다음 성공 일기를 쓰기로 결심했다.

"하나 더 있어."

머니가 가차 없이 덧붙였다.

"네가 왜 여태까지 소원 노트에 붙일 사진을 못 구했

는지 아니?"

머니는 내 대답을 기다리지도 않았다.

"72시간 법칙을 안 지켰기 때문이야."

"72시간 법칙?"

"간단한 거야. 네가 뭔가를 하겠다고 마음먹었으면 72시간 이내에 해야 해. 그렇지 않으면 아예 안 하게 될 가능성이 크거든."

나는 잠시 생각해 보았다.

'정말 그런가?'

그동안 계획대로 실행한 것도 제법 있었지만 계획만 세워 놓고 하지 않은 일들이 많았다.

'머니 말이 맞겠지?'

사실 머니는 항상 맞는 말만 했다. 머니의 조언대로 어떤 계획을 세우든 72시간이 지나기 전에 꼭 실행해야겠다.

6. 우리 집의 빚은 엄마 아빠의 잘못일까?

 아차, 머니와 얘기하느라 나폴레옹과 산책할 시간이 된 것도 알아차리지 못했다. 나는 머니에게 빨리 나폴레옹을 데리러 가자고 말했다.
 부모님의 빚 문제는 저녁 식사 후에 다시 얘기하기로 했다. 그때까지 기다려야 한다니 조바심이 났다. 빚을 갚는 데 도움을 드리고 싶은 건 세 가지 소원 중 하나였다. 머니는 아주 쉽다고 말했다.
 '엄마 아빠를 도와드릴 수 있다면 얼마나 좋을까!'

생각만으로도 신이 나서 싱글벙글했다.

하넨캄프 할아버지가 창가에서 우리를 기다리고 계셨다. 나폴레옹은 반갑게 꼬리를 흔들며 요란하게 짖었다. 할아버지에게 인사드린 뒤 머니와 나폴레옹을 데리고 숲으로 갔다. 숲에 들어서기가 무섭게 나폴레옹이 미친 듯이 뛰기 시작했다. 산토끼를 발견하고 그 뒤를 쫓아간 것이다.

돌아오라는 신호로 휘파람을 길게 불었지만 나폴레옹은 듣지 않았다. 오로지 산토끼만 보이는 모양이었다. 돌아올 때까지 기다리는 수밖에 없었다. 나폴레옹에게 명령에 따르는 법을 가르쳐야겠다고 마음먹었다.

10분 정도 지나고 나폴레옹이 돌아오자 나는 훈련을 시작했다. 잘하면 칭찬해 주고 상으로 간식도 주었다.

머니가 내 명령에 잘 따르는 모습 덕분에 훈련이 더 잘 되었다. 그날 훈련을 마칠 때쯤 나폴레옹은 '앉아!'라는 명령을 알아듣고 따랐다.

산책을 끝내고 나폴레옹을 집으로 데려가 하넨캄프 할머니와 할아버지에게 오늘 가르친 것을 자랑스럽게 보여 드렸다. 할머니는 믿기지 않는다는 표정으로 활짝 웃으며 손뼉을 치셨다.

"나폴레옹이 뭘 배울 수 있을 거라곤 상상도 못 했는데 '앉아'라는 말을 듣다니, 정말 대단하구나!"

할아버지도 흐뭇한 표정을 지으셨다. 역시 기대했던 대로라며 무척 기뻐하셨다. 할아버지가 지갑을 꺼내더니 나에게 만 원짜리 지폐를 내미셨다.

돈을 받으면서 어쩐지 부끄러웠다. 대단하지도 않은데 큰돈을 받는 것이 떳떳하지 못한 일 같았다. 게다가 재미있게 한 일에 대가를 받자니 마음이 불편했다.

할아버지가 살짝 실망한 표정으로 나를 보셨다.

"기뻐할 줄 알았는데, 아닌걸."

"너무 쉽게 번 것 같아서요……."

당황한 내 대답에 할아버지가 너털웃음을 터뜨리셨다. 잔뜩 일그러진 얼굴 때문인지 웃고 있는데도 무섭게 보였다. 할아버지는 금방 표정을 가다듬고 빙그레 웃으셨다. 그러자 다시 마음씨 좋은 할아버지로 보였다.

"사람들은 보통 일을 하기 싫고 힘든 것이라고 생각하지. 그런데 진심으로 좋아하는 걸 할 때만 제대로 성공할 수 있는 거란다."

할아버지는 내 표정을 보고 내가 충분히 이해하지 못했다는 걸 알아차리신 것 같았다. 하지만 잠자코 내 반응을 기다리셨다.

"엄마는 항상 '일이 먼저이고 재미는 그다음'이라고 하시는걸요. 할아버지 말씀은 완전히 달라요."

"혹시 네가 아는 사람 중에 좋아하는 일을 하면서 돈을 버는 사람은 없니?"

곧바로 마르셀 오빠가 떠올랐다. 자전거 타는 걸 좋아하는 오빠가 빵 배달 사업을 하고 있다고 얘기했다. 할아버지가 고개를 끄덕이셨다.

"좋은 예로구나. 그 아이는 앞으로 크게 되겠는걸. 나중에 기회가 되면 내가 살아온 얘기를 해 주마. 항상 좋아하는 일을 했고, 그걸로 돈도 꽤 많이 벌었지."

할아버지 얼굴을 쳐다보았다. 어쩐지 할아버지 얼굴이 모험으로 가득 찬 이야기책처럼 보였다. 할아버지는 틀림없이 흥미진진한 인생을 살았을 것이다.

집에 갈 시간이 되어 할아버지와 할머니에게 작별 인사를 드렸다. 엄마는 벌써 저녁을 차려 놓고 나를 기다리고 계셨다. 내가 제일 좋아하는 오븐 스파게티와 초콜릿 푸딩이었다. 그런데 맛을 제대로 느낄 수 없을 만큼 머릿속이 복잡했다. 내가 짧은 기간에 얼마나 많은 경험을 했는지 생각하면 놀랄 일도 아니었다.

한 가지는 확실했다. 돈에 관심을 가지면 흥미진진한

인생이 펼쳐지고 다양한 사람들을 알게 된다는 것이다. 얼른 숙제를 마치고 머니와 함께 숲으로 갔다. 한시라도 빨리 부모님을 도와드릴 방법을 알고 싶었다.

그런데 문제가 하나 있었다. 나는 부모님의 재정 상태에 대하여 아는 것이 거의 없었다. 단지 형편이 어렵다는 것만 알고 있을 뿐이었다.

부모님은 매달 갚을 돈이 너무 많아서 힘들다는 말을 종종 하셨다. 나는 머니에게 내가 알고 있는 사실을 모두 털어놓았다.

"골트슈테른 씨는 재정 문제로 어려움을 겪는 사람들에게 조언을 해 주는 회사를 운영하셔."

머니가 차분하게 말을 시작했다.

"골트슈테른 씨는 아주 부자인 고객만 직접 상대하지만 회사에는 심각한 재정 문제를 겪는 사람들을 상담해 주는 직원이 많아. 골트슈테른 씨가 가는 곳마다 따라다니다 보니 나도 자연스럽게 많은 걸 들었지. 빚이 있는 사람이 해야 할 일은 네 가지 중요한 원칙을 지키는 거야. 들어 보면 알겠지만 아주 간단해."

머니는 숨을 크게 쉬더니 설명했다.

"지금부터 하나씩 알려 줄게. 첫 번째는 빚이 있는 사람은 가지고 있는 신용 카드를 전부 잘라 버려야 한다는 거야."

"왜 그래야 하는데?"

나는 머니의 말을 선뜻 받아들일 수 없었다.

"사람들은 현금을 사용할 때보다 신용 카드를 쓸 때 훨씬 더 많이 지출하거든."

나는 머니가 알려 주는 네 가지 원칙을 잊지 않으려고 받아 적었다.

"두 번째 원칙은 좀 이상하게 들릴 수도 있지만, 어떤 빚이든 매달 갚을 돈을 가능한 한 적게 하는 게 좋다는 거야. 매달 갚아야 하는 돈이 많을수록 생활비로 쓸 수 있는 돈은 줄어들어."

"그런데 왜 우리 엄마 아빠는 매달 낼 돈이 그렇게 많은 걸까?"

머니의 이야기는 우리 집 상황에 딱 들어맞았다.

부모님은 항상 매달 내야 하는 돈 때문에 너무 힘들다고 불평하셨다.

"부모님에게 가장 부담이 되는 빚은 아마 집을 살 때

은행에서 빌리신 돈일 거야. 그걸 '대출금'이라고 해. 대출금을 빨리 갚으시려고 매달 내는 금액을 높게 정했을 테지. 그래야 이자로 나가는 돈이 줄어든다고 생각하셨을 거야."

머니가 대답했다.

"네가 은행에서 1000만 원을 빌렸고 해마다 이자로 내야 하는 돈은 50만 원이라고 치자. 매년 처음 빌렸던 원금 1000만 원의 일부를 갚아 나가야 해. 그걸 '원금 상환'이라고 불러. 1퍼센트씩 상환하기로 했으면 매년 1000만 원의 1퍼센트인 10만 원을 갚아 나간다는 뜻이지. 일 년에 내야 하는 원리금, 즉 원금과 이자를 합친 돈이 60만 원이라는 말이야. 물론 네가 빌린 돈을 다 갚으면 이자를 낼 필요가 없어."

'1000만 원을 빨리 갚으려고 하는 게 당연하네. 천천히 갚다가는 내는 이자가 빌린 돈보다 더 많잖아.'

나는 속으로 생각했다.

머니가 동의한다는 듯 고개를 끄덕였다.

"얼핏 보기엔 그렇지. 하지만 1000만 원을 빨리 갚으려면 달마다 갚아야 할 돈이 늘어날 수밖에 없어. 많은 사람들이 빨리 갚으려는 생각에 형편이 허락하는 한 매달 갚을 금액을 최대한으로 정해. 그래서 항상 여유 자금이 거의 없지. 문제는 살다 보면 돈 들어갈 일이 많은데 그걸 너무 과소평가한다는 거야. 그래서 자동차를 바꿔야 한다거나 집수리가 필요한 상황이 닥치면 다시 돈을 빌리지."

나는 놀랐다.

"그럼 결국 이미 빌린 돈을 갚느라 돈이 부족해서 또 돈을 빌리는 셈이잖아?"

"맞아!"

머니가 감탄하며 대답했다. 자기가 한 말을 내가 금방 알아들어서 기뻐하는 표정이었다.

"그럼 엄마 아빠는 이제 어떻게 해야 해? 내 말은 귀

담아들어 주시지 않을 것 같은데."

"골트슈테른 씨와 이야기하시도록 설득하자. 아저씨라면 분명히 해결책을 제시해 주실 거야."

"내가 돈을 더 많이 벌어서 부모님을 도와드릴 수 있을지도 몰라."

나는 자신 있게 말했다.

머니가 내 말에 조심스럽게 대꾸했다.

"그렇게 된다면 나쁠 건 없지. 하지만 네 부모님은 먼저 가지고 있는 돈을 제대로 관리하는 방법을 배우셔야 해. 그렇지 않으면 돈이 많아지는 만큼 문제도 커질 거야. 수입이 늘면 지출도 함께 늘어나는 법이거든. 돈을 나누어 쓸 줄 알게 되면 그런 일은 일어나지 않지. 그것도 알려 줄게."

머니의 설명을 듣고 부모님이 왜 아저씨를 만나야 하는지 이해가 되었다. 나는 수첩에 머니가 알려 준 원칙 두 가지를 적었다.

1. 신용 카드를 잘라 버린다.

2. 매달 갚아야 하는 금액을 가능한 적게 한다. 골트슈테른 아저씨에게 부모님을 도와주실 수 있는지 물어본다.

머니는 내가 다 쓸 때까지 참을성 있게 기다렸다가 세 번째 원칙으로 넘어갔다.

"세 번째 원칙은 소비에 대한 이야기야. 사람들은 물건을 살 때도 빚을 지곤 해. 네 부모님이 집을 살 때 은행에서 진 빚이랑 달라. 자동차나 가구, 텔레비전을 새로 사거나 생활비가 부족해서 돈을 빌렸다고 생각해 봐. 그걸 갚을 때는 반드시 50 대 50 규칙에 따라야 해. 생활비를 뺀 나머지 돈 중에서 절반만 빚 갚는 데 쓰고 절반은 저축하는 거야."

"우리 할머니는 항상 빚을 최대한 빨리 갚는 게 좋다고 하셨는걸. 그럼 생활비를 제외한 돈은 모두 빚 갚는 데 써야 하지 않아?"

나는 할머니 말을 기억하고 머니에게 물었다.

"빚을 다 갚으면 뭐가 좋은데?"

"엄마 아빠는 빚을 다 갚으면 큰 짐을 내려놓은 것처럼 홀가분해질 거라고 하시던걸."

"그렇게 생각하실 만하지."

머니가 동의했다.

"하지만 빚을 다 갚은 뒤에 남는 건 '0'이야. 아무것도 남지 않아. 아무것도 없는 게 목표가 될 수 없지."

머니의 말은 뜻밖이었다.

"목표라고?"

"교환 학생으로 미국 가기, 노트북 사기, 쓰지 않고 모아서 목돈 만들기 같은 걸 목표라고 해."

"쓰지도 않을 건데 왜 돈을 모아서 목돈을 만드는데?"

머니의 말을 이해할 수 없었다.

"그건 나중에 얘기해 줄게."

머니가 달래듯 말했다.

"지금은 부모님 빚에 대해서 마저 얘기하자. 빚을 다 갚기 전까지 저축은 엄두도 못 낸다는 생각을 버려야 해. 빚이 있어도 저축해야 하지. 그래야만 바라는 것이 생길 때 그걸 얻으려고 또 다른 빚을 지지 않을 수 있거든. 빚으로 원하는 걸 이루면 거리낌 없이 그걸 누리기 힘들잖아."

"부모님한테도 소원 저금통이 필요하다는 거야?"

머니가 고개를 끄덕였다.

"말하자면 그래. 참, 꼭 덧붙이고 싶은 말이 있어. 소비하기 위해 빚을 지는 건 정말 어리석은 행동이야. 무언가 사고 싶다면 가진 돈으로 사야 해."

그 말을 들으니 머니가 한 말이 모두 납득이 되었다. 수첩에 세 번째 원칙을 적었다.

"이제 마지막 원칙이야."

머니의 눈동자가 장난기를 머금고 반짝거렸다.

"빚이 있는 사람은 지갑에 '정말로 꼭 필요한 것일까?' 라고 적힌 쪽지를 붙여 놓아야 해. 그럼 적어도 계산대 앞에서 다시 한번 생각할 기회가 있으니 지나친 소비를

피할 수 있을 거야."

"너에게 조언을 듣는 나를 빼고 모든 사람한테 해당되는 원칙이겠는걸."

나는 큰 소리로 웃었다. 머니가 신이 나서 꼬리를 흔들며 내 얼굴을 마구 핥았다. 머니의 엉덩이를 톡톡 두드려 준 후 네 번째 원칙을 기록했다.

4. 정말로 꼭 필요한 것일까?

이제 나는 빚에 대해 많이 배웠다. 쉽지 않았지만 정작 어려운 건 따로 있었다. 부모님에게 내가 배운 걸 알려 드리는 일이었다. 머니가 골트슈테른 아저씨에게 부탁해 보라고 일러 주어서 그나마 다행이었다. 하지만 그런 부탁을 할 만큼 아저씨를 잘 알지 못해서 조금 망설여졌다. 그래서 잠시 시간을 두고 고민해 보기로 했다.

단단히 결심한 것이 한 가지 있다. 나는 절대 빚을 지지 않을 것이다.

'갖고 싶은 것, 하고 싶은 것을 위해 항상 미리 저축해야지. 그래야 엄마 아빠처럼 빚 때문에 힘든 일이 없을 거야.'

7. 골트슈테른 아저씨가 알려 준 저축

시간은 정신없이 빠르게 지나갔다. 마음이 편해져서인지 공부도 잘되고 나폴레옹을 훈련하는 일도 순조로웠다.

나폴레옹과 산책한 지 한 주가 지나자 하넨캄프 할아버지가 1만 4000원을 주셨다. 그리고 나폴레옹에게 세 가지를 훈련시킨 대가로 3만 원을 더 받았다. 나폴레옹은 이제 '앉아!', '누워!' 명령에 따르는 것은 물론 앞발도 내밀 줄 알았다.

뿌듯한 마음으로 번 돈을 세어 보았다. 4만 4000원이었다. 적지 않은 돈이었다. 이제 어렵지 않은 일을 하고 돈을 벌었다는 게 부끄럽거나 꺼림칙하지 않았다. 내가 나폴레옹을 데리고 산책한 덕분에 하넨캄프 할아버지와 할머니가 훨씬 편해지셨기 때문이다. 할아버지와 할머니는 무척 만족하셨는지 하루에 2000원씩 더 줄 테니 아침 산책도 시킬 수 있는지 물어보셨다. 나는 엄마 아빠에게 허락을 받았다.

머니는 번 돈으로 무얼 하면 좋을지 아주 멋진 생각이 있다고 했다. 일단 머니의 생각을 들을 때까지 공책 사이에 돈을 잘 넣어 두었다.

내 힘으로 돈을 번 일 못지않게 흥미진진한 일이 있었다. 오늘은 골트슈테른 아저씨 운전기사가 머니와 나를 데리러 오기로 한 날이었다. 나는 아저씨를 만날 생각에 무척 설레었다.

약속한 대로 정확하게 오후 3시 15분이 되자 벨이 울렸다. 우리를 데리러 온 운전기사가 나이가 지긋하신 아주머니라서 놀랐다. 아주머니는 내 얼굴을 보자마자 친절하게 미소를 지으셨다. 집 앞에 서 있는 근사한 자동차에 올라타면서 아주머니에게 운전기사는 전부 남자인 줄 알았다고 말했다. 운전기사 아주머니가 재미있다는 듯 소리 내어 웃으셨다.

"골트슈테른 씨는 아주 특별한 분이고 일하는 방식도 아주 독특하시단다. 남들은 어떻게 하는지 상관없이 오로지 자신이 옳다고 생각하는 대로 하시지."

그게 무슨 뜻일까? 아줌마는 호기심 어린 내 표정을 읽었는지 자세하게 말해 주셨다.

"내가 일자리를 잃었다고 친구에게 말하는 걸 골트슈테른 씨가 우연히 들으셨나 봐. 그전에는 나를 한 번도 본 적이 없었는데도 나에게 운전할 줄 아는지 물으시더라. 당연히 그렇다고 대답했지. 그랬더니 이렇게 말씀하시는 거야. '좋아요. 원하신다면 당장 운전기사로 채용

하겠습니다. 마침 내 차를 운전해 줄 사람을 찾고 있었거든요.' 그게 전부였어. 심지어 시험 삼아 차를 운전해 보라는 말씀도 안 하셨지. 골트슈테른 씨는 정확하게 꿰뚫어 보셔. 마음속에서 들리는 소리에 귀를 기울인다고 할까? 직감적으로 판단하시는 거지."

아주머니의 이야기는 인상적이었다.

"이렇게 큰 차를 운전하는 게 겁나진 않으세요?"

조심스럽게 물었다.

"골트슈테른 씨가 자신감 키우는 법을 알려 주셨어. 그분과 일하는 사람들은 모두 성공 일기를 쓴단다."

아주머니가 대답하셨다.
"저도요!"
나는 자랑스럽게 외쳤다. 이번에는 아주머니가 놀라셨다. 나는 뿌듯한 기색을 감추지 않은 채 머니를 쓰다듬었다. 머니가 재빨리 혀를 내밀어 내 얼굴을 핥았다. 얼굴을 온통 침 범벅으로 만드는 이 버릇을 꼭 고쳐 놓아야겠다.

마침내 병원에 도착했다. 나는 병원을 싫어했다. 하지만 골트슈테른 아저씨가 입원한 병원은 호텔처럼 고급스러웠다. 부자가 되면 누릴 수 있는 혜택일 것이다.

아주머니가 우리를 아저씨가 계시는 병실로 안내해 주셨다. 편안한 소파에 앉아 있는 아저씨는 기분이 아주 좋아 보였다.

머니는 꼬리를 흔들며 달려가 아저씨 무릎에 뛰어오르더니 얼굴을 마구 핥았다.

"저한테도 늘 그래요."

나는 아저씨에게 인사하며 말했다.

"앞으로는 그러지 말라고 가르칠 생각이에요."

"와 줘서 기쁘구나."

아저씨가 웃으셨다.

"저도 오늘을 기다렸어요."

아저씨를 다시 보게 되어 기뻤다. 머니의 신기한 능력에 관한 수수께끼가 풀릴지도 모른다고 은근히 기대하는 마음도 있었다.

아저씨는 잠시 동안 조심스러운 동작으로 머니의 장난을 받아 주셨다. 몸을 많이 움직이면 통증이 심한 듯 보였다. 하지만 아저씨의 표정은 더할 나위 없이 밝았다.

잠시 후 아저씨는 머니가 어떻게 지내는지 물으셨다. 머니에 대해 뭐든지 알고 싶어 하셨다. 나는 머니가 무얼

먹는지, 우리가 얼마나 자주 산책을 가는지 얘기했다. 머니와 함께 나폴레옹을 산책시킨다는 것, 나폴레옹을 훈련할 때 머니가 나를 도와준다는 것도 빼놓지 않았다.

아저씨는 만족스러운 얼굴로 고개를 끄덕이셨다.

"처음 너를 봤을 때부터 동물과 아주 사이좋게 지낼 수 있는 아이라는 걸 알아보았단다. 그것도 재능이니 자랑스럽게 생각하렴."

"내일 아침, 성공 일기에 적어야겠어요."

깊이 생각하기도 전에 말이 튀어나왔다.

아저씨가 놀란 표정으로 나를 쳐다보셨다.

"성공 일기를 쓴다고? 어떻게 그런 생각을 했지?"

얼굴이 빨개졌다.

'뭐라고 대답하지?'

머니가 말을 할 수 있고 많은 걸 가르쳐 주었다고 대답할 수는 없었다.

내가 쩔쩔매는 걸 본 아저씨는 의아한 표정을 거두고

꼭 대답할 필요는 없다고 하셨다.

"아니에요."

나는 얼른 대꾸했다. 정직하게 대답하고 싶었다.

"누군가 알려 주었어요. 단지 그게 누군지는 말씀드릴 수 없어요."

놀랍게도 아저씨는 더 이상 캐묻지 않으셨다.

"나도 비밀이 있단다. 그래서 너한테도 비밀이 있다는 걸 충분히 이해하지."

아저씨 말을 듣고 나니 안심이 되었다. 나를 진지하게 대해 주시는 게 느껴졌다. 아저씨는 생각에 잠긴 듯한 얼굴로 나를 찬찬히 살펴보셨다.

"너는 어쩐지 보통 아이들과 다르게 느껴지는구나. 이유가 뭘까?"

나는 잠깐 고민했다. 머니가 우리 집에 오기 전이었다면 말할 게 별로 없었을 것이다. 그때 나는 정말로 평범한 아이였으니까. 하지만 지금은 많이 달라졌다.

그래서 이렇게 대답했다.

"제 관심사는 다른 아이들과 좀 달라요. 교환 학생으로 미국에 가고 노트북도 살 수 있게 돈을 많이 벌고 싶거든요."

아저씨에게 소원 열 개를 적은 목록과 소원 노트 그리고 소원 저금통에 대해 이야기했다. 일주일 동안 나폴레옹 산책시키고 얼마를 벌었는지도 말했다. 그리고 부모님의 돈 문제와 마르셀 오빠 이야기도 했다.

골트슈테른 아저씨는 한마디도 놓치지 않으려는 듯 내게서 눈을 떼지 않으셨다. 이야기를 아주 잘 들어 주시는 분이었다. 내 말이 끝나자 아저씨가 빙그레 웃으며 칭찬하셨다.

"키라야, 네 얘기를 들으니 정말 기쁘구나. 넌 분명 네가 세운 목표를 다 이루게 될 거야. 누가 뭐라고 하든 마음먹은 대로 밀고 나가렴."

"하지만 벌써 엄마한테 비웃음을 샀는걸요."

엄마가 소원 저금통을 보고 코웃음을 치셨던 일을 털어놓았다.

"앞으로도 네가 하는 일을 비웃는 사람들이 생길 거란다. 하지만 그 사람들보다 훨씬 많은 사람이 너를 인정하게 될 거야."

아저씨가 나를 격려해 주셨다.

"그리고 어머니가 나쁜 의도로 그런 말을 하신 것 같지는 않구나. 아마도 네가 바라는 게 터무니없고 비현실적이라고 여기셨을 테지. 하지만 작고 평범한 목표보다 터무니없어 보이는 목표를 달성하는 게 오히려 더 쉬울 때가 있단다. 목표가 큰 만큼 더 많이 노력해야 한다는 건 알고 있겠지?"

우리가 대화를 나누는 동안 머니는 병실 앞 정원으로 나가 덤불 사이를 마구 헤집고 있었다.

잠시 머니를 지켜보던 아저씨가 다시 말을 꺼내셨다.

"중요한 문제를 미처 얘기하지 못했네. 머니를 꽤 오

래 데리고 있었지? 그동안 머니에게 든 비용을 지불하고 싶구나."

"머니의 사료는 제가 아니라 부모님이 사 주셨어요. 그리고 저는 머니를 좋아해서 돌본 거예요."

아저씨는 내 대답에 개의치 않고 계속 말씀하셨다.

"부모님께 드릴 수표를 주마. 그리고 언제 한번 부모님을 모시고 오렴. 부모님 재정 문제에 관해서 조언해 드릴 수 있을 것 같구나."

아저씨의 제안에 정말 마음이 놓였다. 그렇지 않아도 어떻게 부탁드려야 하나 고민하고 있었기 때문이다.

"당연히 너에게도 사례해야지. 생각을 좀 해 볼까……. 네가 머니를 돌본 기간이 일 년도 넘는구나. 그동안의 수고를 하루에 5000원으로 계산하면 어떠니?"

나는 기쁘기는커녕 화가 났다.

"머니가 좋아서 한 일이지, 돈을 벌려고 한 일이 아니에요."

저절로 퉁명스럽게 대꾸했다.

아저씨가 웃음을 터뜨리셨다. 비웃는 느낌은 들지 않았다. 아저씨가 웃음을 그치고 설명하셨다.

"키라야, 사람들은 흔히 너처럼 생각하지. 나도 한때 그랬단다. 그런데 네가 좋아서 하는 일에 대가를 받으면 안 되는 까닭을 한 가지만 말해 보겠니?"

전에도 비슷한 말을 두어 번 들은 적이 있는 것 같았다. 기억을 더듬어 보니 마르셀 오빠도 그런 말을 했었고 하넨캄프 할아버지도 그러셨다. 그래도 여전히 머니를 돌본 일로 돈을 받는 것은 옳지 않다고 생각했다.

아저씨의 표정이 진지해졌다.

"한 가지 말해 주마. 하루에 5000원을 주겠다고 한 것은 네가 머니를 무척 좋아하기 때문이란다. 머니를 정말 좋아하니 그동안 잘 돌봐 주었겠지? 앞으로도 그럴 테고. 바로 네 진심이 네가 하는 일을 그만큼 가치 있게 만든 거란다."

아저씨의 말을 100퍼센트 받아들인 것은 아니었다. 하지만 머릿속에 '하루 5000원씩 일 년이면 얼마지?' 하는 생각이 저절로 떠올랐다. 나는 암산할 때면 두 눈을 가늘게 뜨고 고개를 살짝 끄덕거리는 버릇이 있다. 아저씨가 그런 내 모습을 보고 크게 웃으셨다. 그 웃음소리에 정신이 번쩍 들면서 무안해졌다.

아저씨가 웃음을 그치더니 진지하게 이야기하셨다.

"그래, 많은 돈이지. 그런데 한 가지 조건을 달고 싶구나. 50퍼센트는 저축하는 게 좋겠다."

"전부 저축할 거예요. 내년 여름에 교환 학생으로 미국에 가려고요."

신이 나서 대꾸했다.

아저씨가 고개를 저으셨다.

"내가 말하는 저축은 그런 뜻이 아니란다. 교환 학생으로 미국에 가려고 저축하는 돈은 결국 쓸 거잖니? 어차피 쓰려고 모으는 돈이니 그건 괜찮아. 하지만 그걸

뺀 나머지 돈은 부자가 되기 위해서 저축하라는 말이란다. 쓰지 않고 모아 두라는 뜻이지."

"쓰지 않을 거면 뭐 하러 모아 둬요?"

"나중에 그걸로 생활하기 위해서지. 재미있는 이야기를 하나 해 주마."

나는 이야기를 정말 좋아한다. 잔뜩 기대하면서 편안하게 자리를 잡았다. 그사이 돌아온 머니도 우리 옆에 배를 깔고 엎드렸다. 우리 얘기가 무척 마음에 든 모양이었다.

옛날에 어떤 농부가 있었어. 농부는 매일 아침 헛간으로 가서 거위가 낳은 알을 한 개 가져다가 아침 식사를 했단다.
그러던 어느 날 헛간에 가 보니 둥지에 황금 알이 놓여 있었어.
처음에는 진짜 황금이라고 생각하지 못했어.
누군가 장난을 쳤다고 의심했지.

그런데 황금 알이 진짜 순금이었던 거야.
농부는 그걸 팔아 큰 잔치를 열었지.
다음 날 농부는 평소보다 일찍 헛간으로 갔어.
또 황금 알이 놓여 있었단다. 며칠 동안 그런 일이 반복되었지.

농부는 욕심이 아주 많은 사람이었어. 어떻게 황금 알을 만드는지 알아내려고 거위를 어지간히 괴롭혔지. 그걸 알면 직접 황금 알을 만들 수 있을 거라고 생각했던 거야.
아무런 소득이 없자 거위가 게을러서 알을 하루에 하나밖에 못 낳는다고 화를 냈어.

욕심대로라면 하루에 두 개, 아니 세 개도 부족했지. 그러다가 화가 머리끝까지 치민 농부는 결국 거위를 죽여 버리고 말았단다.
그다음부터 황금 알은 구경도 못 했지.

"이 이야기의 교훈은 뭘까? 키우는 거위를 죽이지 말아라?"

아저씨는 몸을 뒤로 기댄 채 내 대답을 기다리셨다.

"정말 바보 같은 사람이에요!"

나는 큰 소리로 외쳤다.

"이제 황금 알을 얻을 수 없게 됐잖아요."

아저씨는 내 반응이 마음에 드신 것 같았다. 머니도 동감의 표시로 꼬리를 가볍게 살랑거렸다.

"너라면 그런 행동은 하지 않을 거라는 말이지?"

아저씨가 물으셨다.

"당연하죠. 저는 바보가 아닌걸요."

나는 힘주어 대답했다.

"그럼 이 이야기의 의미를 알려 주마."

아저씨는 차분하게 설명하셨다.

"거위는 네 돈을 뜻해. 돈을 은행에 넣어 두면 이자를 받지. 그 이자가 바로 황금 알이란다."

아저씨 말을 제대로 이해한 건지 헷갈렸다. 아저씨가 이야기를 이어 갔다.

"대부분의 사람들이 태어날 때에는 거위를 갖고 있지 않지. 다시 말해서 가진 돈의 이자만으로 먹고살 만큼 그렇게 많은 돈을 갖고 있지는……."

"이자만으로 생활할 수 있으려면 돈이 아주아주 많이 있어야겠네요."

아저씨가 말을 마치시기도 전에 끼어들고 말았다.

"사실 네 생각보다 훨씬 적을 수도 있단다. 너에게 만일 3000만 원이 있고 이자가 10퍼센트라면 매년 받는 돈이 300만 원이지."

나도 모르게 탄성이 나왔다.

"와! 한 달에 25만 원이 생기는 거네요. 3000만 원은 그대로 남아 있고요."

"그렇지. 3000만 원은 네 거위란다. 거위를 죽일 생각은 없다고 했지?"

거위 이야기는 무척 맘에 들었다. 하지만 문제가 하나 있었다.

"그런데 지금부터 거위로 삼을 돈을 모으려면 미국에 가는 걸 훨씬 뒤로 미뤄야 할 텐데요."

"그건 네가 결정할 문제이지."

아저씨가 고개를 끄덕이셨다.

"은행에 넣어 둔 목돈은 필요할 때 언제든 꺼내 쓸 수 있지. 300만 원을 모으자마자 교환 학생을 가는 데 쓰는 것처럼 말이다. 하지만 그렇게 하면 네 작은 거위를 죽이는 셈이란다. 반면에 네가 쓸 수 있는 돈 가운데 일부를 꾸준히 저축하면 어떻게 될까? 언젠가는 이자만으로 매년 미국 여행을 갈 만큼 목돈이 되겠지."

무슨 뜻인지 이해할 수 있었다.

나도 거위로 삼을 목돈이 있으면 좋겠다고 생각했다. 그렇지만 내년 여름에 교환 학생으로 미국에 가고 싶다는 소원도 포기하기 싫었다.

'둘 다 가능한 방법은 없을까…….'

나는 한숨을 쉬었다.

"황금 알을 낳는 거위랑 소원 중에서 하나를 고르는 게 너무 힘들어요!"

답답해서 나도 모르게 목소리가 커졌다.

"꼭 둘 중 하나만 골라야 할 필요는 없단다. 두 가지를 다 할 수도 있지."

아저씨가 빙그레 웃으셨다.

"네가 만 원을 벌었다고 치자. 그 돈의 일부를 은행에 저축하고, 나머지는 소원 저금통에 넣거나 필요한 걸 사는 데 사용하는 거야."

그렇게 하면 될 것 같았다. 바로 돈을 어떻게 나눌지 생각해 보았다. 의외로 쉽지 않았다.

"어떻게 나누면 좋을지 모르겠어요."

도움을 바라는 눈길로 아저씨를 바라보았다.

아저씨는 대답을 망설이지 않으셨다.

 "그건 네가 무엇을 목표로 정했는지에 따라서 다르지. 거위를 위해서 수입의 10퍼센트만 저축해도 충분히 여유 있게 지낼 수 있단다. 하지만 부자가 되고 싶다면 그보다 많이 해야 해. 나는 이제까지 항상 수입의 50퍼센트는 내 거위를 위해 저축하는 걸 원칙으로 삼았지."

 나도 아저씨처럼 해야겠다고 생각했다. 아저씨는 정말 많은 걸 누리면서 멋진 삶을 살고 계셨다. 그래서 아직 많이 아프신 게 분명한데도 늘 기분이 좋아 보였다.

"돈을 어떻게 나눌 건지 정했어요. 저도 50퍼센트는 무조건 거위를 위해 모을 거예요. 그리고 40퍼센트는 소원 저금통에 넣고 10퍼센트만 용돈으로 쓰려고요."

골트슈테른 아저씨가 기특하다는 표정으로 나를 보셨다. 내가 생각해도 잘 결정한 것 같았다. 그런데 이해가 되지 않는 말도 있었다.

"아까 수입의 10퍼센트만 모아도 여유 있게 살 수 있다고 하셨잖아요. 그럼 왜 돈 때문에 걱정하는 사람들이 그렇게 많아요?"

"이런 문제를 한번도 생각해 본 적이 없어서 그렇단다. 거위를 만드는 일은 사실 어릴 때 시작하는 게 좋지. 그래야 수입의 일부를 모아 두는 걸 당연하게 여길 테니까. 너도 바로 시작하는 게 좋겠다. 다음 주에 바로 은행에 가서 통장을 만드는 게 어떻겠니? 다음 번에 만났을 때 그걸로 무엇을 할 수 있는지 알려 주마. 그때 현금으로 바꿀 수 있는 수표도 줄 생각이다. 이제 슬슬 집에 가야 할 시간이구나. 곧 저녁 식사가 나올 테고 나도 좀 피곤하구나."

내색하지 않으셨지만 아저씨의 통증이 더 심해진 것 같았다. 그런데도 친절한 태도로 차분하게 설명해 주신 아저씨가 정말 고마웠다. 아저씨에게 왜 아프다는 말을 한마디도 하시지 않는지 물었다.

아저씨가 대답하셨다.

"통증이라는 게 원래 신경을 쓸수록 더 크게 느껴지는 법이거든. 통증에 대해 말하는 건 마치 식물에 거름을 주는 것과 같지. 그래서 오래전부터 아무리 아파도 말로 표현하지 않으려고 한단다."

나는 작별 인사를 드리며 아저씨에게 좋은 말씀을 해 주셔서 진심으로 감사하다고 말했다. 아저씨는 머니를 몇 차례 쓰다듬고 나서 우리를 보내 주셨다. 그리고 친절한 운전기사 아주머니가 우리를 집까지 데려다 주셨다.

8. 트룸프 할머니

집에 도착하자마자 나는 쏜살같이 방으로 올라갔다. 성공 일기에 적을 게 많아서 도저히 다음 날 아침까지 기다릴 수 없었다. 성공했다고 말할 수 있는지 확실하지 않았지만 상관없었다. 새로운 경험을 했다는 것만으로 무척 뿌듯했다. 갈수록 점점 자신감이 커졌다. 목표를 전부 이룰 수 있을 것 같은 기분이 들었다. 저녁을 먹으면서 엄마 아빠한테 조심스럽게 빚 얘기를 꺼내 봐야겠다고 마음먹었다.

1. 골트슈테른 아저씨가 설명해 주신 내용을 빨리 알아들었다.

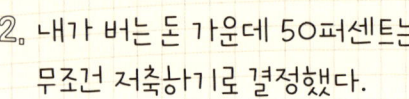
2. 내가 버는 돈 가운데 50퍼센트는 무조건 저축하기로 결정했다.

3. 나도 거위를 갖게 될 것이다. 부자가 된다는 의미를 잘 이해했다.

4. 난생처음 고급 자동차인 롤스로이스를 타 보았다.

5. 지난주에 4만 4000원을 벌었다.
   그중 2만 2000원은 거위용,
   1만 7600원은 소원 저금통,
   4400원은 용돈이다.

6. 골트슈테른 아저씨에게
   칭찬을 받았다.

   칭찬해

7. 다음 주에 그동안 머니를 돌본 대가로
   돈을 받는다. 하루에 5000원씩 413일이니
   206만 5000원이다. 엄청나다!

빚을 진 사람이 지켜야 할 원칙을 적은 메모지를 옷주머니에 넣고 저녁을 먹으러 내려갔다.

자리에 앉자마자 골트슈테른 아저씨가 주신 수표를 아빠에게 공손하게 내밀었다. 아빠가 수표를 받아 금액을 확인하더니 놀란 얼굴로 물으셨다.

"아니, 150만 원이나? 이게 대체 무슨 돈이니?"

"머니를 돌보는 데 든 비용이라고 하셨어요."

"받아도 될지 모르겠구나. 이제 머니는 우리 개나 다름없는데……."

엄마가 난처한 표정을 지으셨다.

"하지만 받으면 급한 불은 끌 수 있겠는걸."

아빠가 겸연쩍게 웃으셨다.

"갚을 돈이 몇 달째 밀렸는데 150만 원이면 한숨 돌리겠네."

"저라면 75만 원만 빚 갚는 데 쓰고 75만 원은 저축하겠어요."

나도 모르게 큰 소리로 말하고 말았다.

부모님은 식사를 하다 말고 나를 쳐다보셨다. 내가 음식이 가득 담긴 접시를 바닥에 떨어뜨리기라도 한 것처럼 깜짝 놀란 얼굴이었다.

"이런, 이런. 우리 딸이 롤스로이스를 타더니 경제 박사가 됐네."

아빠는 비꼬는 투로 말하더니 엄마에게 물으셨다.

"여보, 키라가 골트슈테른 씨를 만나는 걸 놔둬도 괜찮을까?"

"매달 갚을 돈은 최대한 적은 게 좋다고 했어요!"

나는 화를 참지 못하고 소리를 지르고 말았다.

"그래, 그러다가는 죽을 때까지 이자를 내야겠지."

아빠가 퉁명스럽게 대꾸하셨다.

마땅히 할 말이 떠오르지 않아 입술을 깨물었다. 머니가 알려 준 게 뭐였는지 정확하게 기억나지 않았다. 무리하게 대출금을 갚으려다가 새로 빚을 지게 된다고 말했던 것만 생각났다. 아무 말도 못했다.

'아무래도 엄마 아빠랑은 미국에 다녀오고 통통한 거위도 생기면 그때 다시 얘기해 봐야겠다.'

"애들이 돈에 대해서 뭘 안다고……."

아빠가 끌끌 혀를 차며 중얼거리셨다.

그 말을 듣자 더 이상 참을 수 없었다.

"미국에 사는 대럴이라는 아이는 열일곱 살에 백만장자가 되었대요. 아빠는 그렇게 못 하셨잖아요. 저도 아주 부자가 될 거예요."

"그 아이는 유산을 많이 받았겠지."

아빠가 지레짐작으로 말씀하셨다.

"아니에요. 자기 힘으로 벌었어요. 저도 그렇게 할 거예요."

나는 열띤 목소리로 말했다. 엄마가 걱정스러운 얼굴로 나를 보셨다.

"키라야, 그런 소리를 함부로 하는 게 아니야. 부자는 아무나 되는 게 아니란다. 게다가 돈 때문에 불행해지는 일이 얼마나 많은데. 적게 가져도 만족할 줄 아는 게 훨씬 더 중요해. '뱁새가 황새를 따라가면 다리가 찢어진다'는 말도 있잖니?"

나는 동의할 수 없었다. 골트슈테른 아저씨는 무척 행복해 보였다. 반면에 엄마 아빠는 그다지 행복해 보이지 않았다. 돈이 없으면 불행해진다고 생각했지만 일단 입을 다물기로 했다. 말없이 저녁을 마저 먹었다.

저녁을 먹은 뒤 집에 있기 싫어서 모니카에게 전화를 했다. 모니카는 식사 전이라면서 한 시간 후에 만나자고 했다. 그때까지 시간도 때우고 나폴레옹도 잠깐 볼 겸 하넨캄프 할아버지 댁에 들렀다.

나를 본 할아버지는 집으로 들어오라고 하셨다. 그리고 개를 한 마리 더 산책시킬 수 있는지 물어보셨다.

"그럼요."

나는 반색하며 냉큼 대답했다.

"오늘 아침 트룸프 부인과 얘기를 나눴단다. 트룸프 부인은 비앙카라는 큰 셰퍼드를 키우고 있지. 이 주 동안 여행을 가는데 그동안 비앙카를 어떻게 돌봐야 할지 고민이라고 하시더구나. 네가 나폴레옹을 아주 잘 돌본다는 얘기를 듣고 비앙카도 맡아 줄 수 있는지 물어봐 달라고 부탁하셨지. 지금 바로 트룸프 부인 댁으로 가서 의논해 보렴."

트룸프 부인은 나도 잘 아는 분이었다. 우연히 마주칠 때마다 늘 상냥하게 말을 거시는 할머니였다. 머니와 함께 걸음을 재촉해 할머니 댁으로 갔다. 트룸프 할머니 댁은 꼭 동화책에 나오는 마녀의 집처럼 생겼다.

할머니는 벌써 마당에 나와 계셨다. 하넨캄프 할아버지가 전화를 걸어 미리 알려 주신 모양이다. 우리는 함께 집 안으로 들어갔다. 집 안은 그야말로 어수선하기 짝이 없었다. 오린 신문지와 책이 여기저기 널려 있고 벽에는 이상한 선들이 그려진 표가 붙어 있었다. 심지어 텔레비전 두 개가 동시에 켜져 있었다. 깔끔하게 정돈된 모습이 아니어서 오히려 마음이 편했다.

할머니는 두리번거리는 내 모습을 보고 빙그레 웃으셨다.

"틈나는 대로 경제 관련 책과 주식 잡지를 보는 게 내 취미란다. 남편이 꽤 많은 돈을 유산으로 남겼는데, 그 돈으로 무얼 해야 할지 전혀 몰랐지. 그래서 투자하는 법을 공부하기 시작했단다. 공부해 보니 아주 재미있더라. 투자만 잘하면 돈이 몇 배로 불어나거든."

돈을 투자하는 법에 대해 계속 듣고 싶었지만 할머니는 화제를 바꾸셨다. 아마도 내가 관심이 없을 거라고 생각하신 것 같았다.

우리는 비앙카를 돌보는 일을 의논했다. 할머니는 몇 년 전부터 휴가를 가고 싶었는데 비앙카를 돌봐 줄 마땅한 사람을 찾지 못하셨다고 했다.

비앙카는 온순하지만 셰퍼드치고 덩치가 컸다. 게다

가 유난히 털이 많아 좀 무섭게 보이기도 해서 사람들이 겁냈다. 할머니는 내가 비앙카를 돌볼 생각이 있다고 하자 정말 고맙다고 하시면서 하루에 5000원을 주겠다고 제안하셨다. 그리고 비앙카의 사료를 미리 준비해 놓겠다고도 하셨다. 나는 기꺼이 동의했다. 물론 일을 맡기 전에 부모님에게 이 주 동안 비앙카를 우리 집에서 데리고 있어도 된다는 허락을 받아야 했다.

모니카와 만나기로 한 시간이 다 되어 할머니와 헤어졌다. 모니카에게 할 얘기가 정말 많았다. 돈을 번 일과 골트슈테른 아저씨를 만난 일을 말해 주었다. 그리고 돈을 어떻게 나누어서 관리하는지도 이야기했다.

모니카가 감탄했다.

"그런 걸 하다니, 진짜 대단하다!"

모니카는 잠시 생각하더니 나에게 물었다.

"네 일이 많아지면 내가 도와줘도 돼? 네가 날 고용하는 거야."

나는 웃었다. 집이 부자라 늘 비싼 옷만 입고 다니는 모니카가 나에게 자기를 고용하라고 하다니, 어쩐지 좀 웃겼다.

꽤 어두워져서야 집으로 돌아왔다. 빨리 허락받으려고 부모님에게 비앙카 얘기를 했다. 아빠는 내가 학교 공부를 소홀히 할까 봐 걱정하며 못마땅하게 여기셨다. 하지만 엄마 덕분에 허락받을 수 있었다.

이야기를 막 끝냈을 때 전화벨이 울렸다. 마르셀 오빠였다. 마르셀 오빠는 한 번도 나에게 전화를 건 적이 없었다.

우리 둘 다 전할 소식이 많았다. 나는 오빠에게 내 수입과 새로 생긴 일에 대해서 얘기했다. 그리고 골트슈테른 아저씨가 알려 준 대로 돈을 나누어서 사용할 계획이라고 덧붙였다.

오빠가 선언하듯이 말했다.

"이제 닭대가리 시절은 완전히 지나갔다고 인정해야

겠는걸. 돈을 나눈다는 건 정말 좋은 생각이야. 나도 그런 생각은 전혀 못 했는데……. 난 돈을 전부 통장에 넣었거든."

"나도 통장을 만들어야 해."

나는 자신 없는 목소리로 중얼거렸다.

"골트슈테른 아저씨가 수표를 주신다고 했거든. 그런데 어떻게 통장을 만드는지 몰라."

"내가 내일 은행에 같이 가 줄까?"

순간적으로 귀를 의심했다. 먼저 도와주겠다고 나서다니, 잘못 들은 게 아닌가 싶었다. 오빠는 늘 나에게 관심이 없었다. 멀리 사는 것도 아닌데 우리 집에 놀러 온 적도 없었다. 이모랑 이모부가 우리 집에 올 때도 혼자 집에 남아 있곤 했다.

"우리 집에 오겠단 말이야?"

놀라서 물었다.

"얼마 전까지 나랑 상대도 하지 않더니……."

"나는 나랑 어울릴 자격이 있는 사람만 상대해. 처음으로 그럴 자격이 있다고 널 인정하는 거야."

오빠가 무뚝뚝하게 대꾸했다. 어깨가 으쓱해졌다.

"난 빵 배달 사업이 잘돼서 벌써 몇 명이나 고용했어."

마르셀 오빠의 말투는 꼭 어른 같았다.

"최근에 고객이 늘었거든. 오십 명 넘는 고객을 혼자서는 도저히 감당할 수 없더라고. 그래서 동네 애들을 몇 명 고용했지."

오빠 말을 들으니 혼자 하기 힘들면 돕겠다고 한 모니카가 생각났다. 내가 돌봐야 할 개가 벌써 세 마리였다. 모니카의 도움이 필요한 상황이 종종 생길 수 있었다.

오빠에게 고맙다고 말한 후 전화를 끊었다. 내일 오빠를 만날 생각에 무척 기뻤다. 머니의 털을 빗질한 뒤 침대에 눕자마자 금방 잠이 들었다.

그런데 끔찍한 꿈을 꾸는 바람에 식은땀을 흘리면서 깨고 말았다. 머니를 죽이려는 나쁜 사람들에게 쫓기는

꿈이었다. 모니카와 마르셀 오빠도 꿈에 나왔다. 우리를 구하려고 했지만 실패했다.

    잠에서 깨어 한참을 덜덜 떨었다. 머니가 뭔가 느꼈는지 침대로 뛰어 올라와 내 손을 핥았다. 나는 머니를 꼭 껴안았다. 나쁜 일이 일어날 징조일까 봐 불안했다. 다시 잠들면서 내일 아주 조심해야겠다고 마음먹었다.

2권에서 계속 이어집니다.

© Bodo Schäfer

보도 섀퍼 지음

독일 출신의 세계적인 동기 부여 전문가이자 경영 컨설턴트이다. 대학 졸업 후 꽤 높은 연봉을 받으며 일했지만 '돈은 나쁜 것이다', '돈은 사람을 망친다' 등 어렸을 때부터 배운 돈에 대한 부정적인 생각으로 26세에 감당할 수 없는 빚을 지고 파산하게 된다. 이때 부의 원칙을 가르쳐 준 멘토를 만나게 되고 돈이 불어나는 원리를 깨우쳐 4년 후 30세에 가진 돈의 이자만으로 평생 생활할 수 있는 경제적 자유를 이루게 된다. 사람들에게 "누구나 부를 쌓고 부자가 될 수 있다"는 메시지를 전하며 자신이 직접 깨닫고 경험한 부의 축적 원리를 정리해 강연과 집필 활동을 활발히 펼쳤다. 그의 강연과 세미나는 유럽 전역에서 화제를 불러 모으며 경제적 자유에 대한 돌풍을 일으켰다. 저서로는 『보도 섀퍼의 돈』, 『보도 섀퍼의 이기는 습관』, 『멘탈의 연금술』, 『보도 섀퍼 부의 레버리지』 등이 있다.

하루치 그림

일러스트레이터이자 애니메이션 감독, 그림책 작가, 텍스타일 디자이너이다. 글과 그림으로 수다를 대신하며 하루하루를 이어 간다. 플라스틱 쓰레기를 줄이는 데 조금이나마 도움이 되고자 만든 그림책 『어뜨 이야기』로 앤서니 브라운 그림책 공모전에서 수상했다. 환경 에세이 『지구를 위해 모두가 채식할 수는 없지만』, 그림책 『어뜨 이야기』 등을 쓰고 그렸으며 『녹우천 요괴 야시장』, 『범수 가라사대』, 『모두가 원하는 아이』, 『이상한 숲속에 나 홀로』, 『누리호의 도전』, 『열세 살 외과 의사 도우리』 등을 그렸다.

고영아 옮김

연세대학교에서 사회학을 공부했다. 독일 프랑크푸르트대학교에서 공부했으며, 독일 괴테문화원에서 최고 수준의 독일어 실력을 증명하는 GDS를 취득했다. 옮긴 책으로는 『수학 귀신』, 『펠릭스는 돈을 사랑해』, 『말해야 하는 비밀』, 『그레타 툰베리의 금요일』, 『고양이라서 행복해』, 『절대 열어 보지 마! 드라고』, 『난 곰인 채로 있고 싶은데…』, 『청소년을 위한 1010 텐텐 경제학』, 『학교가 두려운 아이 즐거운 아이』 등이 있다.